O DIA EM QUE
NAPOLEÃO
QUIS INVADIR
O BRASIL

MARCO MOREL

O DIA EM QUE NAPOLEÃO QUIS INVADIR O BRASIL

OS PLANOS SECRETOS QUE PODERIAM TER
MUDADO A HISTÓRIA DO NOVO MUNDO

VESTÍGIO

DIREÇÃO EDITORIAL
Arnaud Vin

EDIÇÃO E PREPARAÇÃO DE TEXTO
Eduardo Soares

REVISÃO
Julia Sousa
Marina Guedes

CAPA
Diogo Droschi

DIAGRAMAÇÃO
Guilherme Fagundes

Dados Internacionais de Catalogação na Publicação (CIP)
Câmara Brasileira do Livro, SP, Brasil

Morel, Marco
   O dia em que Napoleão quis invadir o Brasil : os planos secretos
que poderiam ter mudado a história do Novo Mundo / Marco
Morel. -- São Paulo : Vestígio, 2024.

   Bibliografia
   ISBN 978-65-6002-034-4

   1. Brasil - História 2. Brasil - História - Período colonial, 1500-
1822 3. Napoleão I, Imperador dos franceses, 1769-1821 I. Título.

24-209620   CDD-981

             Índices para catálogo sistemático:
                  1. Brasil : História 981

          Eliane de Freitas Leite - Bibliotecária - CRB 8/8415

A **VESTÍGIO** É UMA EDITORA DO **GRUPO AUTÊNTICA**

São Paulo
Av. Paulista, 2.073 . Conjunto Nacional
Horsa I . Salas 404-406 . Bela Vista
01311-940 . São Paulo . SP
Tel.: (55 11) 3034 4468

Belo Horizonte
Rua Carlos Turner, 420
Silveira . 31140-520
Belo Horizonte . MG
Tel.: (55 31) 3465 4500

www.editoravestigio.com.br
SAC: atendimentoleitor@grupoautentica.com.br

O gênio da liberdade que tornou a República,
desde seu nascimento, o árbitro da Europa, quer que ela
o seja também dos mares e regiões mais longínquas.

Proclamação de Napoleão Bonaparte às tropas do Egito,
10 de maio de 1798.

Depois que Bonaparte conheceu que era tempo de dar-se
a conhecer, decretou na sua esquentada imaginação a
conquista geral do Universo.

Jean Sarrazin. "Saudável aviso às nações da Europa,
e particularmente aos hespanhoes, e portuguezes, para se
prevenirem contra os dominadores projectos de Bonaparte. 1812."

Napoleão viveu / com seus 100 soldados / E quem sabe me dizer /
se eram 100 soldados? / Eu quero ver para acreditar /
Ai, ai ai quedê? / Quedê? Quedê?
"Napoleão", canção de Luhli e Lucina.

Para Ana Paula, que liberta; Rosa, que floresce; Lourdes, que ilumina; e Cristina, com todo Amor.

À memória de meu avô Edmar, que me ensinou o ofício de historiador e a escrever sobre temas mal-ditos.

e de István Jancsó, com quem partilhei o estudo do projeto de invasão francesa na Bahia.

À minha querida sobrinha Viviane, cujas pesquisas na França tornaram possível este livro.

A Ana Luzia, pelo cuidado efetivo e afetivo.

Ao Pedro Túlio Rocha, em nome da vida.

A Luciana Villas-Boas e equipe da agência literária LVB & Co.: cujos incentivo e entusiasmo foram fundamentais para a existência deste livro.

■ Na caricatura, a águia-imperial olha para Napoleão com desconfiança e perplexidade. Invadir o Brasil era um voo muito alto para o imperador dos franceses.

Prefácio

A pergunta não poderia ser mais instigante: invadir o Brasil mudaria o destino de Napoleão Bonaparte? Numa das mais possantes representações do imperador feitas por seu pintor oficial, Jacques-Louis David, ele atravessa majestosamente os Alpes. Mas teria o corso cruzado o Atlântico para nos invadir? Ancorado numa pesquisa pioneira sobre frustradas invasões francesas entre 1796 e 1808, o grande pesquisador, grande leitor e grande historiador Marco Morel nos conta "o dia em que Napoleão quis invadir o Brasil".

Os franceses sempre estiveram presentes. Desde quando a Terra de Santa Cruz amanhecia e eles contrabandeavam pau-brasil, até a tentativa de instalar uma França Antártica com Villegaignon no Rio de Janeiro, seguido por razias piratas como a de Duguay-Trouin – sem contar os preciosos relatos de viajantes que começaram a percorrer o Brasil, no século XIX –, temos com a França uma longa história de amor e ódio.

Porém, nunca se imaginou que, apesar dos milhares de produtos de *soft power* com os quais a França nos invadiu, alguém tão apaixonante, carismático e extraordinário para a História mundial quanto Napoleão Bonaparte pudesse desembarcar em nossas praias. Reconhecido por milhares de biógrafos como um estrategista de guerra genial e um político hábil, Bonaparte travou "guerras libertadoras" em todo o continente europeu contra o absolutismo monárquico encarnado nos reinos da Áustria, da Prússia e da Rússia. Na coleção de inimigos que reuniu, nenhum foi maior do que a Inglaterra. Fundador do Estado moderno, de uma sociedade nem aristocrática nem revolucionária, pautada pelo mérito, Bonaparte concebeu pioneiramente a noção de cidadania republicana, ideal de muitos até hoje. Numa trajetória fulgurante, sua sede do mundo aumentava à medida que era saciada. *Portugal ou Brasil?* – ele se perguntava. Enquanto isso, o mito se sobrepunha à sua própria História.

O Napoleão invasor do Brasil passou de mito a fato histórico pelas mãos de Marco Morel. Sabemos que invasões se costuram em silêncio, em segredo, em desconfiança. E assim foi, até Morel extrair do Arquivo Nacional da França e do Arquivo Histórico dos Serviços da Defesa os registros que nos permitiram conhecer em detalhes o apetite do general sobre nós e nossas terras.

Com extraordinária habilidade, Morel revelou 17 tentativas de invasão, bem como os protagonistas, os fatos e os sentidos que cercaram tais projetos. Numa narrativa límpida que guarda o fascínio da aventura, ele mostrou o rosto dos envolvidos, suas ambições, seus ideais ou sua simples ganância. Cada palavra da correspondência diplomática ou dos relatos diretos é transcrita, deixando entrever a megalomania, a desinformação ou a ingenuidade dos seus propositores. Para uns, estava em jogo a independência de Portugal; para outros, uma recolonização com molho francês; e outros ainda queriam incrementar o tráfico de escravos ou simplesmente praticar saques e pilhagens. Ataques no Rio de Janeiro, na Bahia, no Rio Grande do Sul, pelo Norte, por mar ou terra... Quantas propostas, quantos sonhos e quantas ilusões! E Morel descreve e interpreta os planos frustrados emoldurando-os contra o pano de fundo das guerras na Europa e das conquistas ou derrotas do "Ogro corso". Se tudo parecia fácil – pois a França já estava no Caribe, nas fronteiras com a Amazônia ou na Luisiana –, ventos, marés e sobretudo o poder da esquadra inglesa atrapalharam. O ritmo da história europeia, com seu séquito de interesses econômicos e políticos, afastou definitivamente a França das Américas e principalmente do Brasil.

Mas, se Napoleão acabou por não invadir o Brasil, nem por isso sua imagem deixou de pairar sobre nós. D. Pedro I era fascinado pelo general, que se tornou seu cunhado. Sua admiração pelo chefe de guerra e imperador dos franceses era até zombada por seus inimigos políticos.

O imperador brasileiro fez-se coroar usando as botas que subiam acima do joelho como as que usava Napoleão, e deixou a esposa, Leopoldina, como regente durante suas viagens, da mesma forma como Napoleão fazia com Maria Luísa, sua cunhada. Quantas vezes viajantes franceses não tiveram que responder à curiosidade dos brasileiros sobre Napoleão tempos depois de sua queda? Sem contar o entusiasmo dos líderes da Revolução Pernambucana de 1817, que tentaram arrancá-lo do exílio e trazê-lo para Pernambuco. Ou de um dos fundadores da Marinha brasileira, Lord Cochrane, que antes de vir lutar pela Independência pensou em sequestrar Napoleão da prisão em Santa Helena, trazendo-o para a América do Sul, onde o ajudaria a estabelecer um novo império.

O leitor há de se inclinar diante do sopro de ineditismo e inteligência contido neste livro, em que o autor desvela segredos militares até então silenciosos, expondo-os, revirando-os e roendo-os até os ossos. Além de observar as regras da melhor historiografia, apoiado numa multidão de documentos e bibliografia especializada, ao trazer uma grande contribuição à História, *O dia em que Napoleão quis invadir o Brasil* é uma leitura fascinante e imperdível!

Mary Del Priore
IHGB, IHGRJ, ACL, APL, PEN Clube do Brasil

Apresentação

○┄┄┄┄┄┄┄┄┄┄┄┄┄┄○

"[...] projetos ousados e ameaçadores estavam prestes
a ser concretizados quando causas imprevistas e
desconhecidas, porque eram preparadas lentamente e
em silêncio, impediram a sua execução."

Frédéric Ancillon
Quadro Analítico das revoluções do
sistema político da Europa. 1803.

O título do livro parece ficção, mas não é. Napoleão Bonaparte voltou seu olhar de águia sobre o Brasil. No período de 12 anos (1796-1808), entre a fase final da Revolução Francesa e o desembarque da Corte portuguesa no Rio de Janeiro, houve pelo menos 17 planos de ataque. Miravam vários territórios no continente brasileiro, como então se dizia, da Amazônia ao Rio Grande do Sul, passando por Pernambuco, Bahia, Rio de Janeiro, Minas Gerais, Mato Grosso e Santa Catarina. Ou então queriam conquistar logo o Brasil inteiro! Nenhum deles vingou, está claro. Tentativas oficiais que partiam do aparato militar, político e empresarial expansionista francês. Algumas acompanhadas e estimuladas diretamente pelo chefe da Grande Armada, por ministros e por dirigentes de seu Alto Comando. As autoridades coloniais luso-brasileiras desconheciam as iniciativas e caçavam fantasmas, prendendo pessoas sem qualquer relação com estes casos. Conspirações impenetráveis.

A ligação conhecida entre Bonaparte e o Brasil é frágil, quando não forçada. Em geral, limita-se ao fato de que o imperador dos franceses fez com que a Corte portuguesa fugisse para cá, originando importantes transformações no país, que se tornaria independente. Uma relação indireta.

Pouco se conhece do apetite da conquista gaulesa sobre as terras brasílicas nos tempos de Napoleão I. Tais gestos, ganâncias e palavras, adormecidos há mais de dois séculos no Arquivo Nacional da França (*Archives Nationales de France*) e no Arquivo Histórico do Ministério da Defesa francês (*Service Historique de la Défense, Ministère des Armées*), na maioria inéditos, agora vêm à tona. Com eles, surgem personagens curiosos e quase anônimos, pinçados no turbilhão da Era das Revoluções, com suas luzes e obscuridades. Como o capitão Antoine-René Larcher, que lutou pela Independência brasileira em 1797. Ou os capitalistas Cerf-Berr, que pretenderam formar um exército para conquistar o país inteiro, em 1801. E o que dizer de um grupo de 800 jacobinos que pretendia tomar o Brasil de assalto e fazer degolas? E, ainda, o poderoso almirante e chefe de esquadra Willaumez, homem de confiança de Bonaparte, que insistiu para atacar Pernambuco. E o general Combis, pronto para invadir o Rio de Janeiro. Sem falar no Rio Grande do Sul francês projetado pelo conde Liniers. As tentativas frustradas fazem pensar num Brasil que poderia ter sido, mas nunca foi. Cópula interrompida. A batalha que não houve.

Projetos napoleônicos de "expedição", na aveludada linguagem oficial, houve planos de invasão e ataques reais franceses desde o século XVI até meados do século XIX. Porém trata-se aqui de um período específico e de iniciativas estatais. Bonaparte só assumiu formalmente o poder em 1799, mas, nos anos anteriores, sua influência era crescente. Todas essas experiências faziam parte do mesmo contexto de guerras que gerou (e foi gerado por) Napoleão.

Não tratarei de pirataria nem de franceses independentes que vinham ao Brasil, embora ambos tenham existido em profusão. Os planos aqui citados pretendiam fazer funcionar a máquina do Estado. Tênue limite entre corsários dos mares, tráfico atlântico de escravos e conflitos em terra firme com atuação de oficiais da Armada. Espiões e negociatas. Contabilidade dos lucros. Lutas e sonhos revolucionários. A Revolução atravessada por contradições e, estas, por revoluções. Entre as tentativas, projetou-se por três vezes a abolição da escravatura no Brasil em 1799, ou seja, 89 anos antes da Lei Áurea.

Napoleão não estava sozinho. Universo e microuniversos. Sol, planetas e satélites. Bonaparte, aura de Libertador, e, do alto de seu cavalo branco, tornou-se escravocrata e colonialista – o que aguçava sua voracidade brasiliana.

Como teria sido o Brasil francês e napoleônico? Como os primeiros invasores enfrentariam a aridez do sertão? Ou o emaranhado verde e vibrante da Floresta Amazônica? Sobreviveriam aos cactos e à terra dura da caatinga? Espantariam-se com as imensas cataratas? Submergiriam às cheias do Pantanal? Teriam sossego nos centros urbanos? Considerariam a Serra Gaúcha mais fácil de dominar do que os Pirineus? Saberiam interagir com os indígenas e sua imensa diversidade? As aristocracias se entenderiam? Os pobres livres se tornariam facilmente "afrancesados"? Os cativos se empolgariam com os ideais de liberdade, igualdade e fraternidade?

E a "mestiçagem" culinária... Frango à *marengo* acompanharia frango com quiabo sobre a mesa? Galinha a cabidela e *coq au vin* dariam um prato casado? Surgiria mistura entre feijoada e *cassoulet*? Queijo canastra combina com *brie*? Entre cozido e *pot-au-feu*? Costela de bode ou de carneiro? Combinação de *crêpe* e tapioca. Rubro vinho Bordeaux ao lado da cristalina aguardente de engenho na hora do brinde. *Coquille de Saint-Jacques* ou casquinha de caranguejo? Açúcar de beterraba ou da cana? Batata *noisette* com mandioca assada, cobertas com *fines herbes* e alfavaca? Bacalhau salgado substituído pela *morue* fresca. O churrasco na brasa cederia lugar à vitela à moda da Córsega?

Na cultura, entre imposições e apropriações... Tapeçarias de *Gobelins* tecidas pelas mulheres rendeiras. O acordeom tocaria *chansons* e forró. A *Eroica* de Beethoven executada pelos violinos dos Guarani das Sete Missões? Ou quem sabe surgiria uma língua *creolle* franco-brasílica, como a que foi esboçada pelo poeta Aldir Blanc na canção "Prêt-à-porter de tafetá", em parceria com João Bosco: "Voalá e çavá, patati, patatá / Boulevar, saravá, sou da Praça Mauá...". Jangadas e chalupas ocupando as praias. A Catedral de Chartres implantada em Aparecida. Os Arcos da Lapa se ligariam ao Arco do Triunfo. O Monte Saint-Michel daria vista ao Pão de Açúcar. E de que essência viriam os perfumes exóticos? O Brasil seria a Argélia das Américas...

E as transferências da fauna e flora? Predadores como águia-imperial e carcará sertanejo saberiam partilhar o território? Javalis a caititus bateriam cabeça ou se cruzariam? Lobo cinza e lobo-guará se devorariam ou se misturariam? Faisão e arara dividiriam o bosque? Cereja e pitanga floresceriam no mesmo terreno? Pinheiros natalinos e coqueiros semeando juntos. Girassol e alamanda se entrelaçariam. Ou quem sabe o rio Sena desaguaria no São Francisco...?

É ingenuidade achar que o Brasil seria mais "civilizado" se colonizado pela França. As colônias francesas nas Américas, África e Ásia dão o exemplo do caráter da dominação. Não se imagina que haveria grandes novidades naquele contexto. Num primeiro momento, a hipotética aquisição neocolonial brasileira continuaria escravista, exportadora e submetida a um regime liberal, modernizante e militarizado, possivelmente com Independência política e exclusivo comercial francês. Ou uma simples troca de metrópole? Embora a extinção do trabalho escravo tenha sido proposta. As transformações que poderiam decorrer de tal situação são incontáveis e incontroláveis. Talvez o maior país da América do Sul nem viesse a existir.

A atração por Bonaparte (lendário e mítico) extrapola o círculo de especialistas. Sua marca alcança um público ampliado, gera fascínio, empatia, proximidade ou repulsa (a nível internacional e em grande escala) com o indivíduo que se transformou em "Grande Homem". Ao mesmo tempo vitorioso e derrotado, ambicioso e guerreiro, patético e grandioso. Dono de uma inteligência aguda ou uma teimosia empedernida. Violento ou humanitário. Mania de grandeza. Sua presença povoa os repertórios culturais e psicológicos das sociedades atuais, um personagem da cultura de massas. Quem nunca ouviu uma piada sobre ele? Ou a narrativa de algum de seus feitos ou citação de frases que lhe são atribuídas? E aqueles que cismam ser Napoleão? Bonapartes dentro (e fora) do hospício nunca faltaram.

Mas aqui abordamos o personagem histórico e projetos governamentais. O imperador dos franceses chegou a dar sinal verde para o almirante Lacrosse invadir o Rio de Janeiro, em 1800. E desejou enviar uma parte das tropas para ocupar o Norte do Brasil, quando tentou reconquistar a ilha de São Domingos (Haiti), no Caribe, dois anos depois. Em 1806, um ano antes de invadir Portugal, o "Ogro da Córsega" pensou novamente em atacar o Brasil, de surpresa, indo direto ao Rio de Janeiro. Sonhou mesmo em ser um novo Conquistador das Américas, à maneira dos antigos navegadores portugueses e espanhóis.

Porém tempos e ventos não ajudaram. O longínquo território brasileiro, de exuberantes riquezas naturais, era peça crucial no jogo de xadrez entre as potências europeias, Grã-Bretanha e França. O mar nem sempre estava para peixe – o que não impedia o contrabando de valiosos produtos brasileiros de chegar a Paris por caminhos sinuosos, espalhando, por exemplo, brilhantes topázios das Minas Gerais sobre a mesa dos revolucionários franceses. Em revanche, o Brasil português invadiu a Guiana Francesa, em 1809.

A França bonapartista foi se achegando: expulsou a Corte de Lisboa, guerreou na Guiana (fronteira amazônica) e nas colônias no Caribe, onde plantações ardiam, queimadas por escravizados em rebelião. A Revolução do Haiti. Queimadas. A metrópole francesa possuía a Louisiana, nos Estados Unidos, e chegou perto do Canadá. Fez incursões em Buenos Aires. Os tentáculos de Bonaparte se avizinhavam da *Terra Brasilis*. Seus navios de guerra ziguezagueavam próximos ao litoral do gigante adormecido. Faltou dar o bote. Se dominasse o Brasil, Napoleão estaria mais perto de controlar o mundo, ou, pelo menos, as Américas. Vontade não faltou. Mas a Royal Navy, Rainha britânica dos Mares, também andava por ali. Isso tornava as coisas um pouco mais complicadas. Entre o sonho e a realidade, havia o oceano (povoado de inimigos).

Trata-se de captar esse momento fugaz, mas intenso, do longo e incompleto dia em que Napoleão Bonaparte quis invadir o Brasil – onde a Independência não fora proclamada, nem a Corte portuguesa chegara. No "sonho americano", sempre acalentado e parcialmente realizado pelo "César Moderno", haveria um grande império franco-americano do Rio da Prata (Argentina) ao Canadá, incluindo Caribe, Golfo do México e uma fatia dos Estados Unidos. E o Brasil no centro. Os projetos não eram apenas europeus, embora estes tenham prevalecido, até pela localização geográfica. Havia uma dimensão planetária, irrealizada.

Alguns destes planos de invasão podem parecer extravagantes ou inviáveis para o leitor atual. Mas não se iludam, o mundo passava por mudanças até então impensáveis, e as possibilidades estavam em aberto. Napoleão conquistou grande parte da Europa Ocidental e o Egito, foi até Moscou, e controlava territórios no Oceano Índico e parte das Antilhas. Quem sabe avançaria no Brasil? Esse era o motor da máquina napoleônica: alcançar o impossível chão.

Desde o século XVI, a França fez ocupações e ataques no território da América que se tornaria portuguesa, quando a gula europeia se deparou inicialmente com os índios canibais. "Aí vem nossa comida pulando!", exclamavam os tupinambás, que foram, eles sim, devorados pela voracidade colonizadora. E, ainda no século XVIII, corsários oficiosos, como Duguay-Trouin, deram bons sustos nos luso-brasileiros e se tornaram heróis na França por tais feitos.

Logo depois desse período, surgiram outros projetos de invasão parcial pelos franceses. Passado o fervor revolucionário e tendo falecido *Buonaparte* (como chamavam seus adversários, assinalando sua origem corsa e italiana) em 1821, alguns franceses continuaram de olho na Amazônia ou no Rio de Janeiro, tocados pela saga expansionista de conquistas e riquezas. E vieram outros projetos de invasão nos anos 1820-1830. Se oceanos e terras não foram presa fácil, quem sabe florestas e rios...?

Não bastava à França ter alcançado a eficácia de *Pátria das Luzes*, vitoriosa referência cultural e civilizatória. Mas, no final das contas, teve que se contentar com esse papel. Ou seja, conquistar corações e mentes, mas com poder econômico limitado. O que, convenhamos, não era pouca coisa. E se divertir com a peça teatral *Jocko, le singe du Brésil* (Jocko, o macaco do Brasil), na qual o país era associado a um híbrido de símio e humano: sucesso da temporada parisiense em 1825, com salas lotadas e aplausos da crítica. Ressonâncias coloniais e raciais. Talvez por coincidência, ano em que a França reconheceu oficialmente a Independência brasileira.

Marco Morel
Rio de Janeiro, 1º de janeiro de 2024 – 30 anos do
levante indígena zapatista anticolonial em Chiapas e
220 anos da Independência antiescravista do Haiti.

INTRODUÇÃO

■ "Liberdade dos Mares": alegoria da Marinha de Guerra na Revolução Francesa.

Lista de projetos de invasão do Brasil pela França (1796-1808)

ANO	LOCALIDADE ALVO	AUTOR	OBJETIVO	DESTINATÁRIO
1796	Pernambuco e Amazônia	Polony, tenente de navio	Atacar e saquear embarcações luso-brasileiras	Ministro da Marinha e das Colônias
1797	Bahia	Antoine-René Larcher, capitão de navio	Invadir o território e proclamar a Independência do Brasil	Diretório e ministro da Marinha e das Colônias
1799	África Ocidental, Rio de Janeiro e Minas Gerais	Desconhecido	Atacar a África e depois o Brasil, abolindo a escravidão	Diretório (Paul Barras)
1799	Brasil	Vigneti, militante jacobino	Invadir o território e libertar Portugal da Inglaterra	Diretório (Paul Barras)
1799	Índia, Brasil (Bahia)	Antoine-René Larcher, capitão de navio	Invadir o território e proclamar a Independência do Brasil	Diretório
1799	Brasil	Charles-Joseph-Mathieu Lambrechts, ministro da Marinha	Invadir o território	Diretório (Paul Barras)

ANO	LOCALIDADE ALVO	AUTOR	OBJETIVO	DESTINATÁRIO
1799	Pernambuco	Willaumez, almirante e chefe de esquadra	Invadir o território e combater o tráfico negreiro	Ministro da Marinha e das Colônias
1799	Rio de Janeiro	Lacrosse, almirante	Invadir o território e abolir a escravidão	Diretório (abade Sieyès)
1799 / 1800	Bahia e Angola	Lacrosse, almirante	Atacar e saquear embarcações na África e invadir o território brasileiro	Diretório e Napoleão Bonaparte
1800	Cabo Frio e Rio de Janeiro	Montalan, capitão de fragata	Invadir o território e abolir a escravidão	Ministro da Marinha e Colônias
1800	Rio de Janeiro, Bahia e Pernambuco	Cerf-Berr, armadores; e Combis, general	Invadir o território e conquistar o Brasil	Napoleão Bonaparte e ministro da Marinha e das Colônias
1801	Norte do Brasil	Alexandre Forfait, ministro da Marinha e Colônias	Invadir o território e conquistar o Brasil a partir da expedição de São Domingos	Napoleão Bonaparte
1801	Brasil	Pierre Riel de Beurnonville, almirante	Invadir o território e conquistar o Brasil a partir da expedição de São Domingos	Talleyrand
1803	Rio Grande do Sul, Mato Grosso e Montevidéu	H. de Liniers, conde e coronel	Invadir o território e formar uma colônia francesa	Napoleão Bonaparte
1806	Porto (Portugal) e Rio de Janeiro	Napoleão Bonaparte	Invadir e ocupar o território	Ministro da Marinha e Colônias
1808	Rio Grande do Sul	Mariano Isasbiribi	Invadir o território e anexá-lo às colônias espanholas	Napoleão Bonaparte e marechal Murat
1808	Rio Grande do Sul	Deputados espanhóis do Rio da Prata	Invadir o território e anexá-lo às colônias espanholas	Napoleão Bonaparte

Antiga e renovada cobiça

"Visto do mar, nenhum aspecto do mundo é mais
pitoresco ou mais admirável que o continente brasileiro.
Suas eminências são cobertas por bosques magníficos,
e seus vales, cobertos por uma vegetação eterna.
"A maior parte das montanhas fica ao norte do Rio de Janeiro.
Não só o ferro e o cobre abundam ali, mas também há ricas minas
de ouro e diamantes; há também topázios, safiras, turmalinas,
cimófanos e diversos tipos de cristal de rocha."

*Belezas da Histórica da América segundo os viajantes e geógrafos
mais famosos que escreveram sobre essa parte do mundo. 1818.*

Havia muito os franceses cobiçavam estas terras do pau-brasil. Ou como preferia Pero Gandavo, nosso primeiro historiador, Terra de Santa Cruz, pois seria por demais profano batizá-la com o nome de uma madeira comercializada para fazer tinta vermelha. Mas Brasil ficou. Misto de beleza e riqueza.

Ainda no século XVI, seguindo de perto os portugueses, os franceses fizeram expedições. O navegador e comerciante de Dieppe, Paulmier de Gonneville, aportou no litoral brasílico na embarcação *L'Espoir*, com sessenta homens, em janeiro de 1504: ficou seis meses e levou para a França um indígena carijó, Essomeric. Há indícios de incursões francesas clandestinas no Brasil antes mesmo de Pedro Álvarez Cabral, mas as provas não são conclusivas.

Em 1530, navegadores franceses desembarcaram em Pernambuco, mas acabaram expulsos pelos portugueses. No ano seguinte, tomaram a ilha de Santo Aleixo, ao sul de Pernambuco, onde ficaram por nove meses, nomeando-a ilha de Saint-Alexis.

Nicolas de Villegaignon ergueu a França Antártica (criando a cidade do Rio de Janeiro), que durou de 1555 a 1560: a baía de Guanabara e o Pão de Açúcar eram franceses.

Fenômeno curioso ocorreu ao longo do século XVI no litoral brasileiro. Os franceses colhiam adolescentes e crianças pobres, em geral de orfanatos, e abandonavam em diversos pontos da costa, sozinhos, com a cara e a coragem, esperando que fossem sobreviver e se aclimatar. E servir de intermediários para um projeto de colonização. Eram os *truchements* (enxertos), jovens franceses dos quais muitos, efetivamente, constituíram famílias com indígenas, tiveram filhos e foram auxiliares importantes nas tentativas de colonização pela França. Figuras culturalmente híbridas, que transitavam entre dois mundos. Tornaram-se canibais com sotaque francês...

Significativa dessa vinculação entre as terras do Brasil e da França foi, em 1550, a "Festa Brasílica", celebrada em Rouen, Norte da França. Quando da visita do rei Henri II e da rainha Catarina de Médici à cidade, a 1º de outubro, para o divertimento dos visitantes construiu-se, como atração principal, uma aldeia brasílica. Cerca de cinquenta indígenas, sobretudo tupinambás, que viviam na região, foram levados para habitá-la. Além de 150 marujos, que já haviam estado no Brasil e conheciam bem a situação de lá, dominavam o idioma nativo e, assim, ajudaram a animar a cena exótica. Ex-ótico, fora da ótica dominante. Espetáculo. Foram feitas danças, cantorias e rituais. Uma festa animada. Anote-se que havia cerca de cinquenta tupinambás habitando a região da Normandia, o que revela um intercâmbio permanente.

Houve a França Equinocial (1612-1615), no atual Maranhão, fundando a capital, São Luís, em homenagem ao rei Luís IX, canonizado. Embora os franceses já tivessem entrepostos por ali desde fins do século anterior e continuassem presentes, guerreando e comercializando até 1625. Os franceses foram os primeiros europeus a chegar à foz do rio Araguaia. E só em 1635, depois dessas tentativas frustradas, fundariam Caiena (Guiana Francesa), que até hoje faz parte do território francês.

Nessa época era intenso o comércio entre França e o continente brasiliano – mesmo quando não havia ocupação formal –, através de entrepostos ou mesmo rápidos desembarques. Sobretudo de pau-brasil, mas também de animais silvestres (destaque para micos, papagaios e araras), plantas, frutas e especiarias colhidas pelos indígenas. A fauna era utilizada e valorizada como animais domésticos na Europa (os que sobreviviam à viagem e ao clima frio). Plumagens coloridas, para vestimentas e decoração, valiam peso de ouro. Do mesmo modo, a tinta vermelha (puxada para o violeta) para tecidos, extraída do pau-brasil; e madeiras nobres, para fabricação de móveis. Além dos próprios índios, que viajavam à Europa e ali estabeleciam residência. Fixaram-se no vocabulário francês palavras da língua tupi como ananás, *sagouin* e jaguar, entre outras.

Foram centenas de viagens de navegadores franceses ao continente brasileiro no século XVI e em meados do XVII, muitas não registradas. Para se ter uma ideia do tipo de comércio que faziam, um exemplo. A embarcação *La Pelèrine* trouxe, em 1531, a seguinte carga: 150 toneladas de pau-brasil, 30 toneladas de algodão, 30 toneladas de semente de algodão, 600 papagaios (sabendo já algumas palavras em francês), 3 mil peles de onça e de outros animais, 300 macacos, amostras de ouro e óleos medicinais. Outro caso: o navio francês *Croisic*, do capitão Jacques, aprisionou uma embarcação inglesa que vinha do Brasil em 1558, "rica de panos, tecidos, papagaios, macacos e munições de guerra". Exemplos assim se multiplicavam.

Árvores frondosas e centenárias, como o jacarandá, eram também abatidas. A derrubada do pau-brasil abria clarões na floresta. Os portugueses tinham prática semelhante. A natureza parecia inesgotável. Era a exploração da fauna, da flora e do trabalho humano levada ao extremo. A aniquilação de diversas formas de vida nas florestas, com objetivo de lucrar, acumular capital. Uma destruição em massa sem precedentes causada pela ação humana, sobretudo do europeu.

Também se traficavam escravizados da África. Em 1594, registra-se o primeiro navio negreiro a sair do porto de La Rochelle, *L'Esperance*, conduzindo uma carga de cativos até o litoral brasileiro. Ao longo do tempo foram muitas empreitadas como essa. A cidade fluvial de Nantes manteve-se como principal ponto de partida das expedições que atuavam no mercado de escravos.

Durante a ocupação holandesa no Brasil (1630-1654), o pintor Franz Post elaborou dezoito telas com paisagens brasileiras, retratando o Nordeste, os sertões e o litoral; bem como índios, escravos africanos, brancos e caboclos, além de vegetação diversa. Esse conjunto foi doado pelo príncipe Maurício de Nassau a Luís XIV, o Rei Sol, em 1674. Hoje estão na exposição permanente do Museu do Louvre. O rei da França tinha especial gosto e interesse pela Terra Brasilis, tanto que financiou o ataque ao Rio de Janeiro por Duguay-Trouin, como veremos a seguir.

Enquanto isso, no Museu do Quai Branly, em Paris, moderno e antropológico, mas com permanências coloniais, está em exibição um resplandecente e bem conservado manto (cocar) tupinambá do século XVI, feito com penas de pássaros os mais coloridos, numa vitrine especial e climatizada. Marcando o tempo das tentativas de conquista, exibindo um exotismo, quem sabe, saudoso. A tênue diferença entre o exótico e o exato. Como na canção de Caetano Veloso "Um índio":

Um índio preservado em pleno corpo físico
Em todo sólido, todo gás e todo líquido
Em átomos, palavras, alma, cor
Em gesto, em cheiro, em sombra, em luz, em som magnífico

E por falar em museus atuais, o Museu de História Natural de Lille, também na França, retém irregularmente 611 artefatos indígenas vindos do Brasil, de sentido histórico e etnológico, que pertencem a 39 povos diferentes. Depois de duas décadas de negociações com o governo brasileiro, os objetos vão retornar ao Brasil.

Um outro manto tupinambá, com 300 anos, será doado pelo Museu Nacional da Dinamarca para o Museu Nacional, do Rio de Janeiro, atualmente em reconstrução depois do incêndio de 2018. É um dos 11 mantos desse tipo que os dinamarqueses possuem. A repatriação de artefatos e peças sagradas é uma reparação, ainda que residual, da devastação colonial feita por países europeus em vários lugares do mundo. É também o resultado da ressurgência e do protagonismo atual dos povos indígenas.

Mas voltemos ao passado. Quanto mais se partir tempos afora, mais nos tempos de agora se estará, como diz o poeta Paulo César Pinheiro.

Entre meados dos séculos XVI e XVII, a França explorou de maneira intensa — e tentou conquistar — o continente brasileiro. Houve guerra não declarada com Portugal, mas de batalhas efetivas e muitas mortes, que a diplomacia dos dois países tentava contornar. Daí, não faz sentido falar em invasão "estrangeira" em relação aos franceses nesse período. Portugueses não eram os donos naturais e exclusivos deste território, disputado também por holandeses e frequentado, entre outros, por espanhóis, ingleses e alemães. E não era terreno vazio, mas habitado por povos originários diversificados.

Por isso, é arriscado, para não dizer equivocado, usar a palavra "descobrimento" para a presença europeia nas Américas ou em qualquer parte do mundo habitado. Os territórios já estavam mais do que descobertos, havia milênios, por milhões de pessoas. Naturalizar as "descobertas" é reproduzir e referendar o eurocentrismo, as violentas guerras de conquista e a predação e a exploração que se sucederam. Era uma questão de posse, não de abertura para um novo mundo ou, muito menos, de ingênuas trocas culturais.

Não conseguindo a aquisição brasiliana, a França dirigiu-se para outras localidades. Nas Américas, foi mais bem-sucedida no Caribe e mesmo, temporariamente, na América do Norte. Sem falar na sua presença em outros continentes, como África, Ásia e Oceania, criando assim um movimento expansionista que deixava o Brasil de lado. Tendência de longa duração que seria difícil reverter, apesar das tentativas. Ao mesmo tempo, Portugal (que ainda era um país-potência) foi ampliando sua presença na área brasílica.

Século XVIII, as tentativas continuam

No raiar do século XVIII, 1705, o *chevalier* des Augiers apresenta um plano de ataque a Cabo Verde e ao Rio de Janeiro. No ano seguinte, o rei ordena que ele combata a frota do Brasil vinda das Índias Orientais.

O principal feito francês no Brasil do século XVIII foi a invasão e tomada do Rio de Janeiro pelo corsário René Duguay-Trouin (1673-1736). Explica-se, de passagem, que corsário não era a mesma coisa que pirata. O primeiro constituía-se, digamos, num terceirizado do governo, atuando por contrato, parceria ou beneplácito. O segundo, em geral, agia por conta própria, comumente fora da lei, sendo perseguido, embora eventualmente pudesse haver aliança ou vista grossa das autoridades.

A maioria dos projetos de ataque aqui apresentados (1796-1808) cita Duguay-Trouin como exemplo e inspiração.

Luís XIV forneceu a Duguay-Trouin uma esquadra de 15 navios, com 6 mil homens. O Rei Sol queria brilhar no Brasil. Era, ao mesmo tempo, uma expedição de guerra contra uma colônia portuguesa e de pilhagem para obter lucros. O rei deveria ficar com 5% dos valores conseguidos, mas ao final abriu mão de seu percentual em favor do corsário.

No dia 12 de setembro de 1711, a esquadra se apresentou diante do Rio de Janeiro. Contava com o fator surpresa e ousadia. A baía da Guanabara tem entrada estreita e guardada por fortalezas. Parecia inexpugnável. Mas a frota francesa forçou a passagem e desembarcou. Foram 11 dias de combate. As guarnições iam caindo uma a uma. As tropas locais, com 12 mil homens, debandaram. E mais uma vez os franceses dominavam o Rio de Janeiro, um século e meio depois da França Antártica.

Os luso-brasileiros incendiaram navios e alguns depósitos, antes de se retirarem. A intenção dos corsários franceses não era conquistar o país, mas sim pilhá-lo. O governador da capitania do Rio de Janeiro, Francisco de Castro Morais, teve que negociar para não ver tudo destruído. Além da quantia do tesouro público, que era pequena, os moradores tiveram que pagar caro em contribuições. Ao fim das contas: 60 navios mercantes, três embarcações de guerra, duas fragatas e uma imensa quantidade de mercadorias (inclusive ouro e diamantes) foram apreendidos ou queimados. Calcula-se um prejuízo de 25 milhões de libras.

Castro Morais, considerado culpado pelo fracasso português, foi preso posteriormente e terminou seus dias no degredo.

Duguay-Trouin teve a chance e a percepção de uma conjuntura favorável. A descoberta e exploração das Minas Gerais era recente, e Portugal não tivera tempo nem iniciativa de fortalecer o país administrativa e militarmente. Muitas riquezas com pouca defesa, concentradas no Rio de Janeiro, porto exportador. No dia 13 de novembro de 1711, a esquadra francesa voltou para casa, carregando suas conquistas e cheia de glória.

Não faltou outro episódio, meio século mais tarde, quando o almirante Charles Henri Théodat, conde d'Estaing, foi nomeado vice-rei do

Brasil, em 1762. A iniciativa fazia parte de um projeto de dominação das Américas sob o reino de Luís XV. D'Estaing era comandante-geral das forças da Marinha francesa e administrador da colônia de São Domingos (futuro Haiti); tinha grandes propriedades rurais, na França e no Caribe. A nomeação como vice-rei do Brasil ficou apenas no papel. A projetada expedição não se realizou. O conde d'Estaing terminaria seus dias sob a guilhotina na Revolução Francesa.

E o almirante de Grasse, herói da Guerra de Independência dos Estados Unidos, elaborou um projeto de bombardear Salvador, Bahia, em 1772.

A extração do pau-brasil foi caindo em desuso, seja pela devastação desmedida que tornava a madeira escassa, seja pelo surgimento de novas técnicas de tintura de tecidos, que tornavam obsoleto o uso dessa lenha. No entanto, ela continuou a ser comercializada em menor escala ainda no século XIX.

Como era o Brasil dos projetos napoleônicos?

Quanta gente habitava o Brasil entre 1790 e 1808? E qual gente? Segundo as estimativas mais modestas, 2,8 milhões. Para os entusiasmados, 4 milhões. Dá para tirar uma média. Desse total cerca de 2,5 milhões eram livres e 1,1 milhão escravizados, já em 1819. Não havia censo demográfico sistematizado, mas contagens avulsas e projeções.

Faixa expressiva da população eram os pobres livres, ou pardos livres, que formavam em torno da terça parte. Não eram pouca coisa e tinham peso social importante na relação senhores-escravos. Embora fosse uma sociedade escravista, não era simplesmente dividida num binômio de uma multidão de cativos dominados por um punhado ínfimo de brancos. Tratava-se de uma hierarquia opressora e, por isso mesmo, complexa, formando um mosaico populacional. Havia um provérbio do século XVII que dizia que o Brasil era "o inferno dos negros, purgatório dos brancos e paraíso dos mulatos".

O desembarque de africanos escravizados continuava massivo, e só no quinquênio 1801-1805, por exemplo, calcula-se a chegada de 118 mil indivíduos. Indicava a média na época, que só faria aumentar nos anos seguintes. Realizava-se a africanização do país, com mediações.

■ Gráfico 1: População do Brasil em 1819

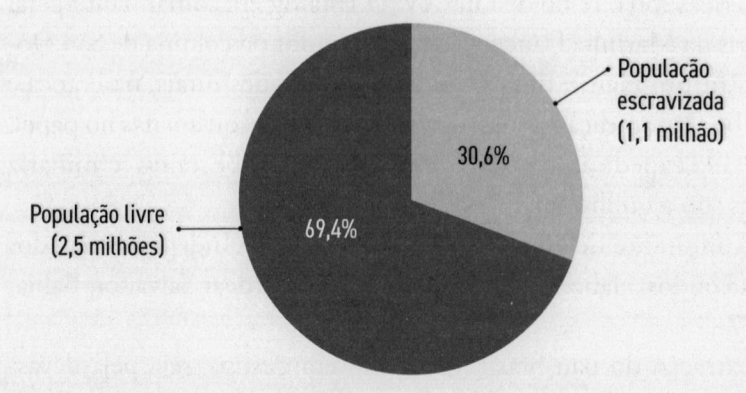

População escravizada (1,1 milhão): 30,6%

População livre (2,5 milhões): 69,4%

Fonte: Estatísticas Históricas do Brasil, IBGE.

As capitanias mais populosas eram Minas Gerais, Bahia, Pernambuco e Rio de Janeiro, nesta ordem. Minas, por causa da mineração, estava na frente: era a corrida ao ouro. Bahia, por ter sido a capital até algumas décadas antes, vinha em segundo lugar. Pernambuco, principal porto comercial do Norte e do Nordeste, além da produção canavieira, vinha em terceiro.

O Rio de Janeiro, apesar da densidade demográfica da capital, não era uma capitania populosa: mas dobraria de população em dez anos após a chegada da Corte portuguesa. Não pela vinda da família real em si, mas por ter se transformado na sede do Império lusitano, incluindo um trânsito comercial no sentido mais amplo, de circulação não apenas de mercadorias, mas de pessoas, ideias e vias de transporte terrestre e marítimo.

As cidades-capitais de Rio e Salvador eram as maiores, com cerca de 50 mil habitantes cada. Apesar da urbanização crescente (havia as cidades do século XVIII, geralmente centros comerciais, em todas as capitanias), era um país agrícola, com grandes e médias fazendas. Exportar era o que importava, mas colocava-se também um mercado interno, expressivo, sem o qual a colônia não sobreviveria. Era uma colônia de exploração cada vez mais povoada.

Os cálculos não incluíam os índios "bravos" ou "selvagens", fora do controle da sociedade – e eram muitos, centenas de milhares no raiar do século XIX. Havia um ambiente com forte presença indígena, não só na Amazônia, mas em todas as regiões, inclusive no Sudeste, novo polo de poder político e econômico. Os indígenas iam sendo cobertos com o manto da invisibilidade, mas sobreviviam. Por isso, capitanias como Grão-Pará ou Mato Grosso, apesar de extensas, contabilizavam poucos moradores. Os índios não eram considerados habitantes. Contavam nas estatísticas só os indígenas "mansos" ou "civilizados", isto é, que estivessem em aldeamentos formalizados ou nos centros urbanos.

Anote-se que o verbete "Brésil" da *Encyclopédie* de Diderot e d'Alembert (redigido em 1752, portanto em meados do século XVIII) registra a população da seguinte forma: "O interior do país é habitado por povos selvagens e idólatras que se desfiguram o rosto para parecer mais ameaçadores a seus inimigos: dizem que são antropófagos". O exotismo é uma herança do enciclopedismo que mantém repercussões nos dias atuais.

Como diria o baiano Cipriano Barata, em 1822, ao analisar a composição da sociedade brasileira às vésperas da Independência, em discurso nas Cortes de Lisboa na sessão de 13 de agosto:

> No Brasil temos portugueses brancos europeus, e portugueses brancos brasileiros: temos mulatos, que são os filhos de todos aqueles portugueses com as mulheres pretas, ou estas sejam crioulas do país ou sejam da costa da Mina, Angola, etc.: temos também mulatos, filhos da combinação dos mesmos mulatos: e temos cabras, que são os filhos dos mulatos com as pretas: temos caboclos ou índios naturais do país: temos as misturas destes, isto é, os mamelucos, que são o produto dos brancos misturados com os referidos caboclos: e temos os mestiços, que são a prole dos índios combinados com a gente preta. Além disto temos também pretos crioulos, que são os nascidos no país; e finalmente temos os negros da costa da Mina, Angola etc.

Tratava-se de uma sociedade múltipla e diversa, pluriétnica, colorida, com hierarquias ao mesmo tempo rígidas e sinuosas. Não seria fácil para a França, ou qualquer outro país, invadi-la e dominá-la.

A América portuguesa era, nesse período, governada por um vice-rei, que ficava no Rio de Janeiro. E pelos capitães-generais em cada capitania. E subdividida em dois Estados, do Grão-Pará/Maranhão e do Brasil. O primeiro englobava basicamente a Amazônia: São José do Rio Negro (Amazonas), Grão-Pará, Marajó, Maranhão e São José do Piauí. O segundo, as demais capitanias: Pernambuco, Bahia de todos os Santos, Sergipe d'el Rei, São Paulo, Espírito Santo, Rio de Janeiro, Minas de Ouro, Goiás, Mato Grosso, São João das Duas Barras (Tocantins), Santa Catarina e Rio Grande de São Pedro (Rio Grande do Sul). Constituíam capitanias reais, isto é, pertenciam ao rei (e não mais hereditárias, como no começo).

As capitanias eram como países, pela extensão, características geográficas e até costumes e sotaque próprios. Havia as principais e as secundárias. A metrópole, apesar do vínculo administrativo, tinha dificuldades em unificá-las.

O território ocupava mais da metade da América do Sul, com dimensões continentais. Daí, tornar-se-ia mais tarde um Império, cuja definição é a reunião de diversos povos e nações sob um centro de poder. A construção de uma nação que se pretendia homogênea (em território e população) seria árdua e está, ainda hoje, inconclusa. Embora tenha avançado bastante. O Brasil existe, mesmo que não seja aquele que muitos de nós gostaríamos que fosse.

PLANOS DE ATAQUE
(1796-1808)

○····································○

"Se o comércio inglês triunfa no mar, é porque
os ingleses são mais fortes neste ponto; é, portanto,
conveniente, como a França é mais forte na terra,
que ela realize aí o triunfo de seu comércio;
sem o quê, tudo está perdido." ·

Napoleão Bonaparte, 1811.

■ Napoleão Bonaparte, Primeiro Cônsul.

Capitão Polony, traficante de escravos: Pernambuco e Amazônia

"[...] fazendo escoar no porto que nós temos as presas realizadas no caminho e na costa do Brasil [...]"

O primeiro plano conhecido de ataque ao Brasil após a Revolução Francesa foi elaborado por Claude-Vincent Polony (1756-1828), intitulado *Projet D'Expédition pour l'Amérique Méridionale* (Projeto de Expedição para a América Meridional). Datado do 4 Germinal Ano IV (10 de abril de 1796), e proposto na 4ª Armada da República, em Rochefort. O documento foi endereçado ao ministro da Marinha e das Colônias do Diretório (república colegiada), o almirante Laurent Truguet.

Projeto simples em sua apresentação e aparentemente de fácil execução. Propunha controlar temporariamente o comércio nos mares do Norte da América portuguesa, de Pernambuco à Amazônia, utilizando apenas um poderoso navio de guerra e um *aviso* (nome hispânico para pequenas embarcações usadas como mensageiras). O objetivo era interditar áreas marítimas, não territórios. Disputar o domínio do mar.

Polony era um especialista em *guerre de course* (guerra de corrida), mas não um conquistador. Servira como tenente e, posteriormente, como capitão em navios das Marinhas Mercante e de Guerra. Mas será que a tarefa seria realmente tão simples? Consistia em saquear navios portugueses de comércio que partiam do Brasil e levar os produtos para a Guiana Francesa, de onde seriam enviados para a França e outras colônias. Uma forma de pirataria oficial. Entre uma e outra forma de explorar, francesa ou portuguesa, talvez o "ladrão que rouba ladrão" tivesse seu prêmio ou mesmo séculos de perdão...

Figura interessante, Polony esteve no olho do furacão da Era das Revoluções, embora em uma posição secundária. Como aqueles personagens em pinturas históricas que aparecem no canto da tela, quase marginalizados. Lutou na Guerra de Independência dos Estados Unidos, esteve presente no início da insurreição de escravos que gerou a Revolução do Haiti, serviu ao governo jacobino da Revolução Francesa e foi condecorado pessoalmente por Napoleão Bonaparte. Apesar de capturado inúmeras vezes pelos mais diferentes atores históricos, sempre escapou ileso. Viveu aventuras arriscadas e situações mirabolantes. Além disso, lucrou com o tráfico atlântico de escravos. Enfim, testemunhou e participou de eventos centrais, convivendo com grandes figuras históricas. Mas sempre periférico. E camaleônico.

Como e quando ele chegou a mirar o Brasil? E por quê? Vamos seguir o fio de sua presença, que entrelaça o período revolucionário a uma dimensão nem sempre lembrada: o escravismo colonial.

Entre guerras e perigos esforçados

A sina de Claude-Vincent foi traçada desde seu nascimento, em Rochefort, importante porto marítimo na costa atlântica francesa. Lugar de comércio e de guerra. Ponto de viagens, chegada e partida. Encontros e despedidas. De família modesta, era apenas um rapaz francês sem parentes importantes nem dinheiro no banco. Órfão ainda criança, Polony, criado de favor por parentes, fez aos 10 anos sua primeira travessia marítima até a colônia de São Domingos (atual Haiti), como protegido de um dos oficiais, para ganhar experiência de navegação. E assim foi vida afora: entre guerras e perigos esforçados, mais do que prometia a força humana, lembrando os versos de Luís de Camões (ao cantar outra expansão marítima, a portuguesa). A Marinha constituiu seu caminho possível de ascensão social e inserção naquela sociedade turbulenta, de chão movediço como as ondas em alto-mar.

Alistado como marujo e posteriormente promovido a tenente, Polony serviu em diversas embarcações da Armada Real francesa entre 1773 e 1783, participando de combates. No entanto, em certo ponto, sua carreira estagnou. O motivo? A intensa exclusão social que permeava a aristocrática Marinha francesa. A ascensão além do posto de tenente era reservada àqueles que pertenciam ao "grande mundo" – na verdade, um círculo restrito –, da nobreza ou dos poderosos corpos sociais. Eram tempos de monarquia absolutista. O fechamento da aristocracia francesa, para fora e para baixo, é apontado como uma das causas da revolução que ocorreria. Assim como outros jovens oficiais, Claude-Vincent acabou transferindo-se para a Marinha mercante, onde se ampliavam as perspectivas de ganhar dinheiro e de promoção social, num meio plebeu e comercial.

Nesta trilha, Polony participou de três campanhas negreiras entre a costa ocidental da África e as colônias francesas do Caribe, em 1784, 1786 e 1790, nos navios *Les Trois Frères*, *La Reine de Podor* e *Les Deux Amis*, respectivamente. Ele praticava o "infame comércio" de maneira tranquila e natural; anotava cuidadosamente o percentual que ganhava por "cabeça de negro" comercializada. Tratava-se de atividade complexa, que durava meses, às vezes mais de um ano: percorrer os entrepostos do litoral africano, repleto de embarcações europeias concorrentes, negociar com os chefes locais que faziam a captura de africanos a serem escravizados, lidar com as alianças e os conflitos entre essas lideranças, buscar agradá-las para obter mais e melhores "mercadorias", cujo fluxo estava sujeito aos conflitos locais.

Oficial de navio negreiro, com toda a brutalidade que tal viagem comportava, Polony mostrava-se satisfeito com os lucros obtidos. Ele realizava o circuito completo, saindo dos portos franceses com verbas para compra e mercadorias para troca, percorrendo demoradamente a costa africana, indo em seguida de Angola, Congo ou Senegal até a colônia caribenha de São Domingos para vender os cativos e retornando à França com os lucros obtidos e novas mercadorias para comércio. E assim girava a roda do progresso predatório de exploração da força de trabalho e da natureza. Inclusive a partir da França, a *Pátria das Luzes*.

Polony enfrentou uma rebelião de escravizados quando seu navio acabara de zarpar do Senegal em direção a São Domingos, em 1786. Preocupado, ele não queria ferir ou matar nenhum dos rebelados, que significavam sua "única fortuna", como afirmou. Em determinado momento ele se viu sozinho na proa com os revoltosos e conseguiu escapar brandindo o sabre e subindo nos mastros. Após alguns embates, dois cativos foram mortos a tiro para servir de exemplo e outros três se jogaram no mar, afogando-se. Do lado da tripulação, dois mortos. E a viagem seguiu seu destino.

O jovem militar seria afetado pelo convívio forçado com os africanos. Bastante impressionado, ele deixou testemunho das conversas com uma princesa do reino do Loango, capturada para venda, chamada Quinambouc. Ela destacou-se dos demais por sua altivez, carisma e facilidade de expressão. Passou a dormir com o cirurgião de bordo e a desempenhar a função de comandar e manter a ordem entre os outros prisioneiros, sobretudo as mulheres. Estas, ao vê-la chegar, batiam palmas ritmadas em um ritual de submissão. Polony anotou em várias folhas o depoimento de Quinambouc que, segundo ele, poderia compor um livro com a extraordinária narrativa de sua vida. Infelizmente as anotações do improvisado etnólogo nunca foram localizadas.

Desembarcando em 17 de junho de 1791 em Port-au-Prince, capital de São Domingos, em sua última travessia do tráfico negreiro, Polony estava presente na ilha quando teve início a grande insurreição de escravizados na parte Norte no dia 23 de agosto. Sem que os personagens soubessem, iniciava-se ali o chamado Século das Abolições, que se completaria formalmente 96 anos, oito meses e 17 dias depois, com a extinção legal da escravidão no Brasil. Inaugurava-se, também, o processo que culminaria na segunda Independência das Américas.

Entretanto, a narrativa de tais acontecimentos pelo oficial francês era mais detalhada e premente do que um olhar histórico amplo: em meio ao conflito, ele lutava para sobreviver, o que só foi possível porque se encontrava na parte Oeste da colônia, onde os embates ainda não eram tão intensos. Mesmo assim, ele foi detido quatro vezes por grupos de rebeldes (entre os quais reconheceu alguns escravizados que trouxera em suas viagens), sobrevivendo após negociações complicadas e situações arriscadas. Também se envolveu nas complexas disputas internas dos colonos, que estavam sendo, literalmente, eliminados.

De retorno à terra natal, Claude-Vincent Polony estaria no meio de outro furacão de grandes proporções: a Revolução Francesa.

Em sua trajetória de vida, revolução, escravismo e colonialismo estavam entrelaçados.

A Revolução Francesa permitiu a inclusão ao Estado de setores da sociedade até então excluídos pela aristocracia monárquica, reinante havia séculos no território. Nesta onda, Polony voltou a se incorporar à Marinha de Guerra, agora pelo novo regime republicano. Ainda entre guerras e perigos, pois também esteve preso por compatriotas nos conflitos internos da sociedade, escapando por um triz da guilhotina que se abateu sobre outros que foram detidos com ele. De traficante de escravos, Polony tornou-se representante do governo jacobino e da Convenção Nacional, que, em 1794, sob o lema Liberdade, Igualdade e Fraternidade, decretou a Abolição da escravatura nas colônias francesas.

Abolição, diga-se de passagem, causada pela insurreição dos escravizados em São Domingos, que eliminaram, na prática, as relações escravistas. Coube à metrópole encampar a Abolição, na tentativa de não perder a colônia.

O governo revolucionário, em Paris, enviou às colônias emissários para comunicar o decreto da Abolição. Para as Ilhas Maurícias, por exemplo, no Oceano Índico, foi remetido o capitão e chefe de divisão naval Antoine-René-Larcher, que foi parar na Bahia, como se verá adiante. Para a Guiana Francesa, na Amazônia, seguiu o tenente Claude-Vincent-Polony, comandante da corveta *L'Oiseau*, que, antes, em 1793, comandara um *aviso* chamado sugestivamente *Sans-Culotte* (apelido dos revolucionários mais radicais da Revolução Francesa).

> Caiena goza da mais perfeita tranquilidade: entre os brancos na submissão aos decretos e leis remetidos pela Convenção Nacional entre os negros na continuação do trabalho e subordinação aos brancos seus antigos senhores, dos quais se tornaram empregados por um acordo livre e mútuo e, assim, continuam cultivando, colhendo e carregando os produtos para exportação dessa interessante colônia, cada vez mais fecunda em produtos de todos os gêneros.

Tal foi o relato de Polony à Convenção Nacional e ao Comitê de Salvação Pública, em Paris, prestando contas de sua missão em 17 Frimário Ano 3 (7 de dezembro de 1794), pouco mais de quatro meses após a morte de Robespierre na guilhotina. O decreto da Abolição da escravatura fora lido em praça pública na capital da Guiana pelas autoridades locais, em 26 de junho de 1794. Sem transtornos, naquele momento. Situação bem diferente de São Domingos. Estranho mundo. Quem poderia prever um abolicionismo colonial francês? Quem poderia imaginar que, 15 anos depois, Caiena estaria sob o domínio luso-brasileiro?

De olho no Brasil

Nas idas e vindas de Polony à Guiana Francesa ele concebeu o projeto de ataque nos mares brasileiros. Antes de mais nada, é curioso anotar que esse militar francês se tornou o principal especialista na navegação para a Guiana, trajeto até então mal conhecido e pouco sistematizado em seus aspectos técnicos (climáticos, oceanográficos e geográficos). Ele publicou *Instruction nautique et locale pour les voyages à la Guyanne française* (Instrução náutica e local para as viagens à Guiana francesa), que passou a ser a principal referência no assunto, guiando os demais navegadores. Contribuiu, assim, em sua medida, para a globalização da civilização ocidental europeia e a dominação sobre os povos e territórios de além-mar. Isto é, além dos mares europeus.

Cansado e doente depois de duas viagens seguidas entre França e Guiana, Polony teve que ficar ocioso em sua residência, para recuperação. Enquanto se restabelecia, preocupava-se com o ganha-pão. Precisava arranjar novas missões, a fim de garantir os rendimentos. Desocupado, lembranças das recentes viagens lhe vieram à tona. Quando sua embarcação se aproximava da região da Guiana, num entardecer de junho de 1795, foi obrigada a parar, pois um grande número de navios de diversas nacionalidades atravessava no horizonte. Na espreita, o comandante Polony observou os navios se afastarem. Caçador, esperou que a última embarcação, de tamanho menor, se distanciasse um pouco das demais e partiu para o ataque. Rapidamente apreendeu um navio de comércio português, de 400 toneladas, que ia do Pará a Lisboa carregado de café, cacau, arroz e algodão. O navio viu-se incorporado à frota francesa. Presa fácil.

Polony procurou avidamente informações com a tripulação, em conversas (ou interrogatórios) sobre as condições do Brasil, seus produtos e suas frotas. A embarcação apreendida continha, além da carga citada, artigos da floresta amazônica, como goma elástica (borracha), especiarias culinárias e ervas farmacêuticas utilizadas pelos indígenas – e boa quantidade de couro de boi. Polony avaliava que a frota luso-brasileira era mal armada e de presença esparsa na região e que os navios mercantes não ofereceriam resistência expressiva à Marinha de Guerra francesa. A ideia era, pois, interceptar o comércio português na região.

Portanto, argumentava o oficial francês, bastava uma fragata bem aparelhada, com 16 ou 18 canhões de calibre pesado ou médio, acompanhada de um *aviso* de 12 a 18 canhões de calibre médio ou pequeno: zarpando entre abril e junho de 1795, percorreriam os mares de Pernambuco até a foz do Amazonas, por cerca de 40 ou 50 dias, multiplicando o ataque já realizado com sucesso. É curioso ver que Polony grafou "Pharnambourg" e "Parrá", referindo-se a Pernambuco e Pará, o que revela seu desconhecimento cartográfico. Outra observação é que, ao assinalar a força naval francesa diante da portuguesa, Polony omite em seu projeto a Royal Navy britânica, esta sim, mais poderosa e com presença constante pelo Atlântico. Ou seja, o plano ofensivo não era tão fácil.

O projeto de ataque de Polony assinalava um determinado circuito marítimo (e colonial): a embarcação deveria sair da França com provisões para seis meses, fazendo inicialmente ataques ao redor da Ilha da Madeira e, com as presas ali obtidas (sobretudo verduras e legumes frescos, úteis na alimentação dos tripulantes), rumar para a costa do Brasil; daí o comboio, após novas aquisições forçadas, iria para a Guiana, base principal. Em seguida, dirigir-se-ia à Nova Inglaterra, nos Estados Unidos, que mantinha estreita relação com a França. Desenhava-se, pois, o roteiro: da costa atlântica da França à Ilha da Madeira, em seguida ao Brasil, daí à Guiana e em seguida aos Estados Unidos, retornando à França. Era, também, a tentativa de construir rotas de comércio alternativas, já que a mais rica colônia das Antilhas, São Domingos, estava em revolução, com a produção mercantil praticamente arruinada pelos trabalhadores escravizados como protagonistas históricos.

E, como finalizava Polony em seu projeto, tratava-se de fazer presente o pavilhão francês nos mares de uma colônia inimiga, ao mesmo tempo em que protegeria e fortaleceria as próprias colônias existentes.

Em 29 Germinal Ano 4 (18 de abril de 1796), oito dias após receber o plano de Polony, o ministro da Marinha e das Colônias, Truguet, despacha os papéis para que o comandante Jacques-Antoine Forestier, figura forte da Armada durante a Revolução e o Império, desse parecer. A proposta foi engavetada. Passado um tempo, em 12 de outubro, o ministro da Marinha enviava ao ministro das Relações Exteriores um relatório sobre o lucro obtido com a pesca da baleia no litoral brasileiro. O olhar continuava fixado sobre as águas territoriais do Brasil.

◾ *Que fim levou?*

Claude-Vincent Polony prosseguiu sua carreira com estabilidade durante o Primeiro Império, embora sem situações marcantes ou arriscadas. Participou da organização de tropas que pretendiam invadir a Inglaterra e exerceu cargos administrativos, além de atuar como juiz em Conselhos de Guerra. Encontrou-se três vezes com Napoleão Bonaparte pessoalmente, mas em episódios coletivos como banquetes ou cerimônias militares. Participou também de uma festa em homenagem à imperatriz Josefina, quando se sentiu honrado ao saudá-la numa profunda reverência e ser correspondido com um breve aceno de cabeça. Polony foi um dos primeiros agraciados com a recém-criada Legião de Honra, recebendo a comenda das mãos do próprio imperador, numa cerimônia em que 144 militares foram também condecorados. Em seu diário, Polony reclamava dos gastos com vestimentas e transporte cada vez que comparecia a um desses eventos. Eram ocasiões de gala. Assistiu pessoalmente à coroação de Bonaparte, como um dos delegados da Marinha de Guerra, além de participar nos dias anteriores da arrumação e tomada de providências na Catedral de Notre Dame, em Paris. Nas galerias do segundo andar da igreja, do lado direito do trono, Polony presenciou Napoleão e Josefina serem consagrados pelo papa Pio VII, em 2 de dezembro de 1804. Com a Restauração dos Bourbons no trono e a derrota de Bonaparte, Polony ficou à margem dos conflitos: não foi perseguido pelos novos (e antigos) donos do poder, que, entretanto, o aposentaram cordialmente, com os vencimentos a que tinha direito. Envolvido em questões familiares e financeiras na região de Rochefort, Claude-Vincent Polony faleceu em 1828, próximo ao mar, mas sem ter retomado as atividades exploradoras nem voltado a atravessar o oceano.

A Guiana Francesa foi ocupada pelos luso-brasileiros em 1809, como represália à invasão de Portugal pelas tropas napoleônicas (a escravidão havia sido reintroduzida por Bonaparte sete anos antes). Durante a gestão portuguesa na colônia, a produção aumentou: mais escravizados, mais exportações, sobretudo para o Brasil e as Antilhas inglesas, "nações amigas" segundo decreto de João VI. Com a Restauração e num acordo entre monarquias, a Guiana foi devolvida à França em 1817.

Capitão Larcher e a
Revolução na Bahia

"O Governo francês pode estar seguro que os
habitantes da Vila de São Salvador, capital da capitania
mais considerável de todo o Brasil, acolherão os franceses
como libertadores, como amigos: fatigados do duplo domínio
que os esmaga, eles só respiram pela liberdade."

De todos os planos de ataque ao Brasil durante os períodos revolucionário e napoleônico, o do capitão Antoine-René Larcher foi uma exceção. Isto é, o único que contou com apoio de setores da população local. Relacionou-se com os episódios de 1798 na Bahia, conhecidos como Conjuração Baiana ou Revolta dos Alfaiates, que não teriam ocorrido daquela forma não fosse a presença do militar francês. Larcher enviaria carta a Napoleão Bonaparte (todos os projetos de ataque passavam por ele) detalhando as dificuldades que enfrentou.

O capitão Larcher permanecia aflito em Lisboa. Afinal, a Revolução no Brasil dependia dele. Já não suportava mais ficar na beira do rio Tejo acompanhando o volteio silencioso das gaivotas (intermitentes piados) sobre as densas águas cinza-azuladas que se moviam discretas. Seu olhar se misturava perdido entre aves, casario de telhados ondulantes, ladeiras, colinas e horizontes. O pesado Castelo de São Jorge parecia espreitá-lo. Bloqueado nas guerras, impedido de sair dali pelas autoridades portuguesas. E ainda por cima suspeito, acertadamente, de atuar como espião francês. Ele conseguiu passar para o governo de seu país informações detalhadas da situação militar lisboeta. Sua companheira, Marie Eugénie, andava exaurida, e as duas filhas pequenas choravam toda noite. Mas nada de resposta de Paris. Os honrados cidadãos baianos, adiantados na mobilização, não aguentavam mais a opressão do jugo lusitano. A Bahia seria, logo, uma República Irmã. E, quem sabe, todo o Brasil? Era tudo ou nada. Esperariam, no máximo, um ano. Os cidadãos do Diretório e o Cidadão Ministro da Marinha da Gloriosa República teriam recebido seus apelos? Mas por que não respondiam? A Revolução iria perder esse encontro com a Bahia, a França deixando de se tornar Rainha dos Mares do Sul?

Cidadãos Diretores da República Francesa,

o Povo de São Salvador na Baía de Todos os Santos, capital da mais considerável Capitania do Brasil (cuja população é avaliada em 60 mil almas), investido dos Direitos do Homem, clama por sua Independência! Seus habitantes a pedem à República francesa, e não a Desejam senão de Vós.

Quinze Milhões de francos, no mínimo, em ouro, prata e diamantes; preciosas madeiras de construção, açúcar, café e algodão serão o testemunho desta Vontade. E Vós podeis julgar por aí a importância que eles dão a isso! Eles estão tão cansados do Governo monárquico e teocrático, tiveram tantos desgostos, que todos os seus possíveis sacrifícios lhes parecerão pequenos se eles puderem alcançar seu objetivo.

Os meios de execução são fáceis e pouco dispendiosos:

- quatro Navios de linha;

- três Fragatas;

- dois Navios para transporte de material;

...serão suficientes para transportar 1.500 homens de tropas e 300 artilheiros. E 4.000 fuzis com suas baionetas, o mesmo de sabres, pólvora (o governo não permite que se fabrique) e balas de canhão de diferentes calibres.

Eis suas necessidades do momento: eles desejam um engenheiro, um arquiteto, um ferreiro e um mecânico. Estes são os pedidos de que fui incumbido de Vos fazer em nome deles.

Esta Divisão poderá atracar na Baía de Todos os Santos à porta dos fortes, eles não são perigosos; não havia mais de 700 kg de pólvora na minha partida (e o governo temia enviar-lhes mais, tanto as cabeças estão em efervescência).

Assim que o Comandante da Divisão francesa levantar no mastro o sinal combinado, a colônia se levantará em massa, as tropas se reunirão aos habitantes, que tomarão a Casa da Moeda, cofres, depósitos e o Arsenal. Destituem-se todas as autoridades do governo, e criam-se outras Populares. Uma comitiva de Cidadãos irá à embarcação do Comandante para lhe pedir a proteção da República francesa. Se esta Revolução se opera, como ela está projetada, ela só sentirá o fogo das manifestações de júbilo.

Esta Revolução terá um efeito elétrico sobre as outras capitanias do Brasil, a experiência nos prova: todas elas se reunirão para formar um Povo livre.

Se eu pudesse ter partido para a França no mesmo instante de minha chegada a Lisboa, e Vós tivésseis querido secundar às Vozes deste Povo, esta Revolução seria operada, e Vós não tardaríeis a gozar as vantagens prometidas. Cidadãos Diretores, Órgão deste Povo francês, eu cumpro a missão da qual fui encarregado pelo Povo baiano junto a Vós! Eu faço meu dever, e posso vos assegurar que a paz não mudará em nada a determinação que ele tomou de ser livre.

Madri, 24 de agosto de 1797
Assinado: Larcher, Capitão de Navio
Chefe de Divisão das Forças Navais da República francesa

O combate naval

Voltemos a dois anos antes. A primeira vez em que na Bahia se ouviu falar do capitão de mar e guerra Antoine-René Larcher foi no dia 10 de dezembro de 1795, quando a nau de comércio portuguesa *Santo Antonio de Polifemo* entrou na barra de Salvador bastante avariada. Apresentava 24 rombos de balas de canhão em seus cascos, além de estragos de artilharia por todo o convés. Velas rasgadas, cordames partidos, mastros destruídos. Triste espetáculo. E tivera toda a sua preciosa carga saqueada, além de tripulantes mortos e feridos. Quarenta dias antes, a nau partira esperançosa para o comércio nas Índias.

O comandante do navio, Manoel do Nascimento Costa, capitão-tenente da Armada Real portuguesa, narrou o sucedido. No sábado, 21 de outubro, ao amanhecerem estacionados em alto mar no Oceano Índico, os tripulantes se dão conta de que uma fragata de guerra se aproximara em silêncio durante a noite. Estava ali a espreitá-los, ameaçadora, imponente. A fragata se aproximava certeira e rápida. A superioridade era visível, tanto na velocidade quanto no armamento. A embarcação lusa fez um movimento diagonal, evitando o encontro, e os dois barcos se cruzaram a certa distância. Foi aí que o comandante Manoel arvorou pavilhão e flâmula navais de Portugal, uma bandeira branca com a esfera armilar dourada e um estandarte verde e branco, respectivamente. O navio inimigo subiu no mastro o emblema tricolor (azul, branco e vermelho) em três faixas verticais. Era a bandeira francesa, ou melhor, da República Francesa, em Revolução.

A artilharia dos franceses descarregou primeiro, causando estrago na embarcação comercial, que respondeu com tiros de seus artilheiros. As manobras e os disparos sucediam-se. Os canhões franceses abalavam o adversário, que contra-atacava com poder de fogo reduzido. O navio de guerra tentava abordagem, que seu oponente evitava. Foram quatro horas e quarenta e cinco minutos de batalha naval. E os portugueses acabaram se rendendo. De um lado, 44 canhões de grosso e médio calibre, com tripulação de 470 homens. De outro, 22 canhões de pequeno e médio calibre, num barco carregado de mercadorias.

Violento embate. Entre os luso-brasileiros, houve sete baixas: cinco soldados, o tenente João Cordeiro do Vale e frei Agostinho de Newfonte, além de seis feridos, entre os quais Antonio José de Almeida, secretário de Estado de Goa, que se encontrava a bordo. No dia seguinte, o marinheiro baiano Ignácio Luiz caiu embriagado no mar e se afogou. Do lado francês, houve a perda de cinco homens: dois oficiais e três artilheiros.

O capitão Larcher, que comandava a vitoriosa fragata *La Préneuse*, enviou um de seus oficiais para conduzir o capitão Manoel a bordo, recomendando que carregasse com ele seus documentos pessoais e o livro de registro das cargas. Não era bem um convite. De imediato os franceses transportaram para sua própria embarcação os cofres com ouro, prata e corais. O que não estivesse fácil de tirar, os vencedores não hesitavam em arrombar ou arrancar a força. O carregamento retirado se constituía de açúcar, aguardente, tabaco, ferro, barris de vinho e fardas para as tropas lusitanas na Ásia. Todo o armamento foi confiscado do *Polifemo*: fuzis, pistolas, armas brancas e munições (como pólvora, cartuchos e balas de canhão).

■ A fragata *La Préneuse*.

Em seguida, a tripulação da *La Préneuse* reuniu-se em assembleia (eram tempos revolucionários) para decidir o que fazer com o barco e a tripulação apreendidos. Decidiram por maioria levar tudo e todos para o próximo destino, as Ilhas Maurícias. Mas os tempos imperiais napoleônicos estavam se aproximando, com tendência de poder centralizado: Larcher deu ordem contrária, para que os vencidos fossem deixados na própria embarcação avariada e retornassem à Bahia. Tal medida contrariava os costumes de guerra, sobretudo naquela época, quando o saque e a prisão do inimigo eram trunfos valorizados. O capitão afirmou com insistência aos marujos que tal gesto era do interesse nacional da França, sem entrar em detalhes. Larcher chegou a escrever num relatório que tomara tal iniciativa controversa por "razões políticas", que posteriormente explicaria. Estaria já tramando a intervenção no Brasil? As conspirações têm seus segredos impenetráveis.

De qualquer modo, o comandante Larcher entregou três cartas escritas em francês ao comandante Manoel: um salvo-conduto, estipulando que o *Santo Antonio Polifemo* não fosse atacado ou incomodado pelas forças da França e aliadas, pois fora saqueado, tinha sérias avarias e encontrava-se sem armas; e duas cartas certificando que os luso-brasileiros haviam se entregado após resistirem e combaterem bravamente com empenho e coragem, mesmo diante da desigualdade de forças. Um desses papéis era assinado por Larcher e outro por ele e toda a sua oficialidade. Após o conflito violento, os códigos de honra guerreiros entravam em ação.

Mas a viagem de volta à Bahia não seria tranquila para o *Polifemo*. Muito pelo contrário. O capitão-tenente Manoel do Nascimento Costa reparou que, nas vinte e quatro horas em que ficaram sob o poder do inimigo, vários marinheiros se deslocaram até a *La Préneuse*, onde foram bem recebidos pela tripulação e pelo próprio Larcher, que conversou calorosamente com eles sobre os princípios de liberdade que reinavam na França, a qual, a partir daquele momento, colocava-os sob sua proteção. Tanto que dois marujos desertaram imediatamente para a nau francesa: Felizardo Rodrigues e Francisco José Dias. Nas palavras do capitão Larcher, a liberdade tinha um efeito eletrizante em todos os lugares. Pelo menos foi a essas conversas que o comandante português atribuiu o que se sucederia a seguir, misturadas, segundo ele, com generosas doses de cachaça.

No segundo dia de retorno, 23 de outubro de 1795, alguns marinheiros do *Polifemo* começaram a gritar: "Ó do meu Povo! Ó do meu Povo!". E em seguida: "Nós já somos Franceses, já estamos em nossa Liberdade!". E, ainda: "O navio é nosso!". Um motim se iniciava. As frases se repetiam, como palavras de ordem. Após uma intensa luta (sem tiros, graças à falta de armas) o capitão conseguiu colocar a ferros dois dos rebelados, Manoel dos Santos Constantino e Joaquim Honório, a quem ele atribuiu as proclamações.

No dia seguinte, a situação ainda não se acalmara. De noite foram ouvidos gritos de "Fogo! Fogo!", simulando um incêndio e causando confusão. Dias depois o capitão Manoel descobriria uma conspiração em que alguns tripulantes pretendiam aproximar o navio da terra, já chegando ao Brasil, para desembarcar e assassinar o comandante e os que lhe fossem fiéis. Foram presos mais quatro, acusados de "cabeças" do movimento: Joaquim João de Sousa, Ribeiro Ferreira, José Casemiro e José Dias. Ao todo houve vinte encarceramentos. E assim o *Santo Antonio Polifemo* adentrou as águas da Bahia de Todos os Santos, despojado e rasgado, entre mortos, feridos, detidos e rebelados.

A fragata *La Préneuse*, após a bem-sucedida batalha, chegou às Ilhas Maurícias a 18 de janeiro de 1796. Aquela era uma das mais longínquas colônias francesas, então denominada Ilha de França, situada a oeste do Oceano Índico, no extenso arquipélago Mascarenhas (do qual também faz parte a Ilha Reunião). Localizada na altura de Madagascar e Moçambique, costa oriental da África. Ilha de origem vulcânica e paisagens paradisíacas, com lagos marítimos próximos ao litoral, protegidos por recifes e bordados de coqueiros. E também um dos núcleos mais ferrenhos de exploração do trabalho escravo nos domínios franceses, para produção de açúcar, café, índigo, chá e temperos. Os escravizados vinham da África e das populações indígenas das ilhas da região. Aos colonizadores portugueses e holandeses, sucederam os franceses, que ali ficaram pouco menos de um século (1715-1810).

Desembarcando em terra firme, o capitão Larcher teria pela frente um desafio mais complexo e tão perigoso quanto os combates navais: a escravidão. A França decretara a Abolição da escravatura nas suas colônias em 4 de fevereiro de 1794, como já foi dito. Ou, no calendário que marcava os novos tempos, no dia 16 Pluvioso, Ano II da República (e Ano V da Liberdade). E a missão de Larcher era levar oficialmente tal notícia às Ilhas Maurícias, junto com a nova Constituição do Ano III (1795), que incluía tais decisões e deveria ser implantada. Porém Larcher foi muito mal recebido pelos colonos e pela administração colonial.

Ali nas Maurícias, diferente das colônias francesas do Caribe, não havia uma expressiva movimentação dos trabalhadores escravizados. Foi a insurreição seguida de guerra civil, levada adiante pelos escravos, sobretudo da ilha de São Domingos (Haiti), que pressionou e forçou a França metropolitana a aceitar e decretar o fim da escravatura. Já que os princípios de liberdade, igualdade e fraternidade não foram suficientes, entre os europeus, para levá-los a incluir os negros e mulatos nos Direitos do Homem.

A fragata *La Préneuse* saíra do porto de Rochefort, oeste atlântico da França, em 25 de setembro de 1795. Fora se juntar à esquadra francesa no Oceano Índico, composta de mais quatro fragatas, comandadas pelo contra-almirante Suecy. A política local fervilhava: os colonos proprietários nas Mascarenhas recusavam a Abolição. No máximo, aceitariam "condições especiais", uma implantação lenta, gradual e segura, com indenização para os proprietários, após longo período de transição. Ou seja, rejeitavam com meias palavras. E, ainda, ameaçavam proclamar a Independência em relação à França. Foi nesse ambiente hostil que Larcher e sua família ficaram por nove meses. Estavam viajando havia mais de um ano, entre guerras e perigos esforçados, para edificar entre gente remota o império colonial francês em sua nova fase. Além do mais, a administração colonial reprovou a conduta de Larcher de ter liberado a nau *Polifemo* e não ter guardado os prisioneiros.

Larcher era figura conhecida e conhecia bem as Ilhas Maurícias: habitou a região entre 1768 e 1776, quando atuava na Marinha Mercante, sem voltar à Europa. Estava enfronhado nos negócios, fossem comerciais, políticos ou militares.

Para compensar as críticas dos colonizadores, a esquadra francesa no Índico fez novas incursões: apreendeu mais dois navios lusitanos, *Belizário* e *Arrábida*, o primeiro pela fragata *La Préneuse*, comandada por Larcher, o outro por fragata dirigida pelo contra-almirante Suecy. Ambas as embarcações luso-brasileiras foram confiscadas, assim como as cargas e as respectivas tripulações. O *Belizário* dirigia-se para a China quando foi atacado no estreito de Sunda, Indonésia, entre as ilhas de Jacarta e Sumatra. Anote-se que tal localidade fica a mais de 5 mil quilômetros das Ilhas Maurícias. Quer dizer: Larcher e a força naval francesa não ficaram estacionados durante o período em que lá estiveram.

Rumo à Bahia

Após disputas e discussões nas quais tentava fazer valer as leis abolicionistas de seu país, Larcher acabou expulso das Maurícias por seus compatriotas colonizadores e escravocratas – que, ainda por cima, lhe tomaram o navio. O capitão de mar e guerra embarcou então com a família, simples passageiros, na *Boa Viagem* (não se perca pelo nome), em 7 de outubro de 1796, para retornar à França, ainda que por caminho indireto com escalas. E aí começava uma fase ainda mais inusitada de sua expedição transoceânica.

A *Boa Viagem* era uma nau de bandeira espanhola, construída na França e com proprietário português, o capitão Eleutério Tavares, que morava nas Filipinas, estabelecido com uma casa de comércio. Fazia o caminho marítimo das Índias Orientais à Península Ibérica. O primeiro piloto era espanhol, e o segundo, norte-americano. Já o cirurgião, o segundo carpinteiro e o padeiro de bordo eram franceses. O primeiro carpinteiro, chinês. A marujada se constituía de espanhóis, holandeses e hindus. E havia trinta africanos e mascarenhos escravizados, para serem vendidos em outros portos. Uma tripulação multicultural, pode-se dizer. A *Boa Viagem*, camaleônica, ao mesmo tempo tinha outro nome de registro, *Marquês do Monsalud*.

Os passageiros eram, também, multifacetados. Havia a sedutora madame d'Entremeuse, francesa de nacionalidade múltipla e incerta. E cinco portugueses, tripulantes dos dois navios recentemente apreendidos, que iam na condição de prisioneiros. Sem esquecer, claro, o capitão Larcher (que os aprisionara), esposa e duas filhas pequenas, em meio a esta Babel. Sua carga era basicamente de tecidos da China e da Índia. Pelo menos, tais informações constavam dos registros formais do navio.

Na verdade, a *Boa Viagem* era embarcação de contrabandistas. O capitão fazia o contrabando maior, e cada tripulante levava sua própria muamba para negociar. Tudo por fora das tarifas alfandegárias.

O chinês que trabalhava de carpinteiro, a seu turno, era um comerciante, credor do capitão Tavares, com quem fizera um negócio na (da) China, sem pagá-lo. O chinês seguiu-o às Filipinas, acompanhou-o até as Maurícias e continuaria viagem. Estava perto de dar a volta ao mundo. Queria a todo custo receber o pagamento que lhe era devido pelo negociante lusitano. Tavares considerou com alguns comparsas a possibilidade de jogar o incômodo asiático em alto-mar, mas o atentado não ocorreu.

A viagem foi mesmo boa, sem maiores problemas, apesar de alguns mistérios. O trajeto previsto era das Filipinas até Montevidéu (Rio da

Prata), dobrando o Cabo da Boa Esperança, Sul da África, e dali seguindo até o destino quase em linha reta. O navio zarpara das Filipinas em 25 de março de 1796, percorreu 8 mil quilômetros e estacionou nas Maurícias. De onde só saiu em 7 de outubro. Estava carregado de especiarias e tecidos orientais (incluindo parte da mercadoria apreendida por Larcher aos portugueses e que deveria ser revendida a estes). O capitão Larcher, que pretendia voltar para casa, aceitou ir até o Sul das Américas, em sentido oposto. Talvez por falta de opção e premência em deixar a conflituosa colônia francesa.

Já em alto-mar, o comandante Tavares avisou aos tripulantes mudança de rota: pretendia fazer uma escala em Salvador, Bahia de Todos os Santos, situada a 3.900 quilômetros ao Norte de Montevidéu (e a 6 mil quilômetros do Cabo da Boa Esperança, por onde entrariam no Atlântico). Ninguém contestou. Entretanto, ao chegar a Salvador, Tavares informou às autoridades que tinha como meta, desde o início da viagem, ir direto à capital baiana. Estariam os capitães Larcher e Tavares em acordo prévio para a ida à Bahia? Um para conspirar e outro para contrabandear? Zonas de sombra.

No trajeto de 14 mil quilômetros entre o Índico e o Atlântico, o capitão Tavares e a madame d'Entremeuse viviam uma "paixão selvagem", no dizer do cirurgião francês da tripulação, que o tempo todo escutava juras de amor eterno entre ambos, além de um escandaloso apego corporal. Parecia a canção "Joana Francesa", de Chico Buarque:

> Ton soleil, ta braise
> Quem me enfeitiçou
> O mar, marée, bateau
> Tu as le parfum
> De la cachaça e de suor
> Geme de preguiça e de calor
> Já é madrugada
> Acorda, acorda, acorda, d'accord, d'accord

Ao ouvir Eleutério Tavares prometer partilhar toda a sua vida, bens e negócios com a Entremeuse, o cirurgião francês julgara-o um "imbecil". Até mesmo Larcher advertiu ao compatriota que desconfiasse do capitão e sua companheira (tão entrelaçados) e que ficasse alerta para qualquer imprevisto, pois os dois lhe pareciam de índole traiçoeira. Alguns dias depois, apavorado, o cirurgião descobriu, pela confidência de outro tripulante que bebera demais, que Tavares armara um plano para matar e jogar no mar os corpos dos tripulantes franceses e outros, apoderando-se das mercadorias que traziam.

De qualquer modo, Larcher e toda a tripulação chegam a Salvador naquele fim de primavera tropical de 1796. Durante oito anos, nas décadas anteriores, ele atuara na Marinha Mercante e ficara no Oceano Índico. Já teria arribado em Salvador antes? Ou já fizera contato prévio com algum baiano na rota portuguesa para as Índias?

Salvador, rica capital em decadência

A Cidade da Bahia, como também era chamada, deixara de ser a capital do Estado do Brasil três décadas antes, perdendo lugar para o Rio de Janeiro. Iniciativa da Coroa portuguesa para controlar melhor o fluxo de ouro e de diamante das Gerais – e que mudou a geopolítica do poder colonial.

A abertura do "Caminho Novo" entre o Rio de Janeiro e Minas Gerais, no começo do século XVIII, prejudicou o intercâmbio entre a Bahia e as Gerais, principalmente no que se refere ao comércio de importação de artigos europeus e de escravos africanos. A mudança da capital foi um acontecimento que realizou, na prática, a mudança do lugar de poder do Nordeste para o Sudeste. Eram transformações mais profundas e que estão na raiz de desigualdades regionais que vão provocar conflitos nas décadas posteriores, além de alterar o perfil do continente brasileiro.

Na Bahia também houve produção de ouro e diamantes, nos distritos de Jacobina e Minas das Contas, embora em quantidade menor que a das Minas Gerais, as Minas do Ouro.

Salvador, entretanto, mesmo perdendo a condição de capital, continuava a ser o principal porto exportador de açúcar: no final do século XVIII, saíam de lá 20 mil caixas anuais, em média, contra 14 mil de Pernambuco e mil de São Paulo. Para se ter uma ideia do movimento da cidade, numa época de monopólio e restrições, basta ver que entraram em Salvador 31 navios de frota em 1762, e 53 no ano seguinte.

Além do tabaco e do açúcar, a Bahia começou, por essa época, a produzir algodão em larga escala, embora em desvantagem para a produção algodoeira de outras regiões, como Maranhão, Ceará e mesmo o Rio de Janeiro. Esta nova produção intensa marcava, ainda mais, o sentido exportador da economia mercantil, quando se fortalecia o capitalismo britânico, no qual a fabricação de tecidos crescia cada vez mais. Até as roupas, portanto, traziam uma carga acentuada de imposição social e econômica.

A cidade soteropolitana, com cerca de 50 mil habitantes, era uma das maiores da América portuguesa, mas tinha aparência tortuosa, ruas irregulares, becos íngremes, ladeiras apertadas. O maior porto exportador da colônia apresentava casas de no máximo três andares, em "ruas tão estreitas que mal podiam caber uma sege [...], rótulas e telhadinhos que de baixo acima lhes cobriam as paredes", segundo descrição de Vilhena, cronista da época.

A aparência urbana era diversificada. Espalhavam-se verdadeiros restos da sociedade escravista e mercantil: marinheiros velhos ou aleijados de várias nacionalidades, prostitutas livres ou escravizadas, mulatos e negros ex-escravos abandonados pelos senhores na velhice, índios desgarrados das aldeias, cativos fugidos das plantações, brancos e mestiços pobres com trabalho irregular, ciganos, degredados europeus, aventureiros, profissionais liberais brasileiros – mosaico das ruas da cidade colonial. E conviviam com uma opulenta e poderosa elite local, composta de senhores de engenho, comerciantes, altos funcionários locais e administradores portugueses.

O ambiente social não estava, portanto, livre de tensões. Em 1763, uma tropa marchou para os subúrbios de Salvador, onde dissolveu mocambos de negros que os "infestavam". Na mesma época, "a guerra era feita ao índio, com extermínio sistemático dos mesmos [...], custando-se hoje a compreender como resistiu tanto aos invasores um povo dividido em tribos", segundo o historiador Ignácio Acioli. O governador Francisco Xavier Mendonça Furtado ordenou ataque a novo quilombo que se formava nos arredores da cidade. O cotidiano era ao mesmo tempo paradisíaco e infernal. Naquelas paisagens que tanto impressionariam pintores europeus e o cientista viajante Von Martius, havia uma sociedade onde a população, com exceção apenas de suas classes mais abastadas, viverá num constante estado de subnutrição.

Assim, o tempo era de crise e tensões na América portuguesa. Aumentava a complexidade das hierarquias sociais, provocando conflitos étnicos e sociais. O crescimento dos centros urbanos e a "africanização" da Bahia através do tráfico de escravos moldavam a sociedade. Era um lugar onde se entrelaçavam natureza exuberante e miséria, numa sociedade ainda triste e dessemelhante, como a que fora declamada pelo poeta baiano Gregório de Mattos um século antes. E tão desigual, entre fome total e carnaval, quanto a que seria cantada, dois séculos depois, pelo poeta e músico baiano Gilberto Gil.

Desde o início da Revolução Francesa, em 1789, com a Queda da Bastilha, aumentara o temor em relação aos indivíduos franceses nas colônias portuguesas. O conflito entre as duas potências França e Inglaterra se agravava dia a dia. E Portugal, na órbita do Império britânico, tentava se equilibrar em cima do muro da neutralidade. Preocupava ainda mais os portugueses a ascensão do jovem general corso Napoleão Bonaparte, que invadira vitoriosamente a Itália em 1796, quando a nau *Boa Viagem* desembarcara em Salvador. Qualquer francês era visto como possível inimigo. Além de uma dose de paranoia, havia motivos para isso. Os corsários e piratas franceses não davam trégua em seus ataques. A Revolução Francesa vivia uma fase expansionista.

Franceses na Bahia

A chegada, pois, de um punhado de franceses na Bahia em 30 de novembro de 1796 causou apreensão. Ainda mais, havia dois oficiais militares da Revolução Francesa entre eles: além de Larcher, o oficial de bordo. Não veio a público naquele momento a conspiração do capitão Larcher na Bahia durante sua temporada de cerca de um mês. As autoridades luso-brasileiras ignoravam tudo, aparentemente. Mas sua presença foi um estopim para a Conjuração Baiana de 1798, cujas consequências poderiam ter ido muito além – ao ponto não só de proclamar a República na Bahia, como de implodir o Brasil português. Podemos deduzir a atuação de Larcher a partir das consequências bem visíveis do episódio.

Larcher informou ter deixado em Salvador um exemplar da recém-promulgada Constituição do Ano III (1795), que circulou entre os conspiradores locais. Nesta se garantiam as conquistas da Revolução Francesa, como a abolição do feudalismo, da monarquia e da escravidão, a liberdade de associação e expressão e a defesa dos princípios dos Direitos do Homem e do Cidadão. Ou seja, destruía o Absolutismo. Ao mesmo tempo, era uma constituição dita moderada, dentro do leque revolucionário, pois buscava frear os avanços da Constituição jacobina de 1793, que aprofundava os princípios de igualdade social, econômica e política, ao mesmo tempo que previa um Estado forte para sustentá-los.

A Carta Magna de 1795 implementava um governo republicano colegiado (Diretório), visando enfraquecer o centralismo administrativo e a concentração de poderes num só líder. Buscava, também, resguardar e fortalecer o direito de propriedade, ou seja, o poder dos chamados *notables* (notabilidades): clãs e grupos da burguesia comercial e financeira e do alto comando administrativo estatal. O ponto sensível: tratava-se de uma legislação abolicionista. Além do mais, a Constituição do Ano III deveria servir de base para as constituições das Repúblicas Irmãs, como eram chamados os territórios e países anexados à França ou que aderiam à Revolução em curso. Quem sabe na Bahia...

A presença de Larcher em Salvador não visou apenas propagar ideias, mas, sim, esquematizar e tentar executar um ousado plano de ocupação francesa, militar e econômica, com apoio de expressivos setores da sociedade local. Haveria ruptura política e, potencialmente, outras alterações.

Nos primeiros dias, a tripulação ficou retida no navio *Boa Viagem*, ancorado na Barra de Salvador. Foi o tempo do capitão Eleutério Tavares se explicar diretamente ao Capitão General, Fernando José de Portugal. Só ali, argumentou Tavares, poderia fazer com segurança os reparos de que a embarcação precisava. Nas Maurícias ou em Montevidéu não havia condições técnicas para tal, explicou, além de, assim, ter a oportunidade de devolver à liberdade os detidos lusitanos, sem cobrar qualquer resgate. Argumentos que Fernando aceitou de boa vontade, autorizando os reparos e a estadia dos passageiros e tripulantes.

Assim, os franceses foram liberados para estadia em terra firme. Porém (e sempre há um porém), precavido com o momento inamistoso entre Portugal e França, e com o crescente ímpeto expansionista francês, o Capitão General ordenou que cada um daqueles conterrâneos de Napoleão Bonaparte estivesse acompanhado durante todo o tempo por um oficial militar da guarnição local. Julgava, assim, estar seguro contra qualquer tentativa de conspiração.

Como deferência ao capitão Antoine-René Larcher e sua família, foi designado para acompanhá-lo o tenente Hermógenes de Aguilar Pantoja (guardem esse nome), que comandava a estratégica Guarda da Praia: aos 28 anos, falava e lia francês fluente e era a nova geração de uma família de oficiais militares que servia havia tempos na Bahia, desde seu avô, pai e tios. Larcher era recebido em cortesia pelo Capitão General, com quem entretinha longas conversas amistosas no palácio.

Um mês depois da chegada dos franceses, tudo parecia como dantes no quartel de Abrantes. Fernando José relatou os episódios a Rodrigo de Sousa Coutinho, todo-poderoso secretário de Estado da Marinha e dos Negócios Ultramarinos, em Lisboa. Ambos eram dois dos principais estadistas de Portugal, que determinavam e executavam as políticas coloniais para o Brasil durante os reinados de Maria I e seu filho João VI. Fernando Portugal (que seria vice-rei) garantiu que Larcher "se tem comportado muito bem, com toda moderação e sossego".

Durante a estadia dos visitantes, alguns incidentes interromperam a tranquilidade, sem, no entanto, acabar com ela. Animados com o ameno clima tropical e o verdor exuberante das chácaras, sítios e fazendas, o grupo de meia dúzia de franceses (passageiros e tripulantes do navio) fazia caminhadas bucólicas pelos arredores de Salvador. Certo dia, programaram um piquenique (*déjeuner sur l'herbe*) com o intuito de celebrar com um brinde a triunfal e recente conquista da Itália por Napoleão. Escândalo! Antes que as taças de vinho fossem erguidas, um oficial comandante de um pelotão dirigiu-se ao local com tropa e canhão. Não fora avisado do encontro pelos colegas que vigiavam os franceses. A notícia correu como se uma insurreição estivesse eclodindo. O Capitão General deu ordens para que os festejos fossem cancelados.

De outra feita, o tenente Pantoja pretendia reunir os visitantes franceses para um grande almoço na casa de Agostinho Gomes. Do mesmo modo, Fernando proibiu o evento e fez uma reprimenda pública ao militar. Agostinho Gomes, padre, homem de letras e *ilustrado*, possuía a maior biblioteca privada da cidade. Herdara do pai uma das maiores fortunas da Bahia, composta de navio mercante, estabelecimentos comerciais e engenhos. Estava entre os integrantes da Conjuração Baiana, embora nunca tenha sido preso. E os incidentes que vieram a público (como o do almoço ou o piquenique) tinham até um tom pitoresco, soavam como paranoia e excesso de zelo.

As autoridades desconheciam a pesada trama que se armava contra elas. O Capitão General da Bahia limitou-se, pois, a tomar as providências que considerava cabíveis naquele momento. Não aceitou que o capitão Eleutério Tavares vendesse parte dos escravos que trazia para pagar as dívidas que contraíra com a Coroa portuguesa no reparo dos navios. Fernando alegou (com justeza, de seu ponto de vista) que tais trabalhadores escravizados viviam num contexto revolucionário, em que a abolição da escravatura estava oficialmente decretada, e que alguns deles poderiam ter sido vendidos por seus senhores por apresentarem comportamento rebelde. Se ficassem na Bahia poderiam "contaminar" os demais escravos com a sedução da liberdade.

A presença de Larcher na capital baiana durou 31 dias. Separando-se da tripulação do *Boa Viagem*, que ainda estava em reparos, o militar alegou pressa em retornar a seu país natal, a fim de prestar contas de sua missão e protocolar uma queixa contra as autoridades coloniais das Ilhas Maurícias, que lhe confiscaram a fragata *La Préneuse*. Mais uma vez o Capitão General aceitou de boa vontade os argumentos de Larcher, que embarcou em 2 de janeiro de 1797 no navio *Bom Jesus D'Além* para Lisboa, acompanhado de esposa e filhas. Levava na bagagem carta de apresentação do Capitão General Fernando para o ministro Rodrigo de Sousa Coutinho (futuro conde de Linhares), na qual aquele afirmava "o bom comportamento que este Oficial teve nesta Cidade e correção com que obedeceu àquelas formalidades com os Estrangeiros". Recomendando, a seguir, que Larcher fosse recebido com a "hospitalidade compatível com as Reais ordens".

Todavia, ao mesmo tempo, o Capitão General da Bahia confiou uma mensagem escrita ao capitão do *Bom Jesus D'Além*, particular, a ser entregue pessoalmente ao ministro da Marinha e Negócios Ultramarinos, na qual pedia para tornar sem efeito a carta de apresentação que ele próprio enviara por Larcher. E que Rodrigo Coutinho procedesse como bem quisesse quando o militar francês chegasse a Lisboa. Qual o significado dessa ambiguidade: generosa carta de recomendação seguida de rasteira pelas costas? Mera intuição de que Larcher poderia ter ido além do papel de bom visitante? Ou atitude rotineira e compatível com os tempos de guerra e disputa entre as potências, quando todo cuidado é pouco? Ou, ainda, quem sabe, Fernando Portugal estaria num jogo duplo, querendo ficar bem com os dois lados?

Para descontrair, num tom de conversa entre homens, Fernando Portugal não resistiu em narrar ao ministro Rodrigo o disse que disse que corria em Salvador. A encantadora madame d'Entremeuse, que chegara a terras soteropolitanas afirmando ter origem castelhana, estava hospedada na casa do rico comerciante Antonio da Silva Lisboa. Este, casado, procurou o Capitão General Fernando no palácio para explicar sua delicada situação: combinara de se encontrar com a Entremeuse em Portugal, mas não ficava bem que fossem na mesma embarcação. Fernando providenciou para que o comerciante seguisse viagem separado da francesa, junto de Larcher e família, mostrando-se divertido com a situação. O apaixonado Antonio da Silva Lisboa teve considerável desfalque em seus capitais e ficaria a ver navios franceses...

Conjuração Baiana: a Bahia na Era das Revoluções

O episódio notório da Conjuração (ou Inconfidência) Baiana – Revolta dos Alfaiates, Conspiração dos Búzios etc. – ganhou nova e intensa dinâmica a partir da passagem do capitão Antoine-René Larcher pela Bahia. Por este, ficamos sabendo que os conspiradores baianos já haviam escolhido dois emissários, que iriam a Paris para negociar o tratado de amizade e aliança. Tais condições estavam colocadas inicialmente. Para transformar a Bahia numa República independente de Portugal, os conspiradores solicitavam da França: quatro navios de linha, três fragatas e duas embarcações para transporte de material. Com a frota, viriam 1.500 homens de tropas e 300 artilheiros, armamentos e munições (4 mil fuzis com suas baionetas, o mesmo de sabres, pólvora e balas de canhão de diferentes calibres).

Convém lembrar que apenas vinte e cinco anos antes o almirante francês de Grasse planejara bombardear a cidade de São Salvador. E três anos depois os empresários e militares Cerf-Berr pretendiam sitiar e atacar a mesma cidade. A iniciativa de Larcher estava num contexto revolucionário e modernizante, mas, ao mesmo tempo, pertencia a uma tradição continuada de conquistas e ataques.

A chegada das tropas francesas por mar em 1797 ou 1798 seria o estopim para o levante em terra firme. Assim que o comandante da Divisão francesa erguesse no mastro o sinal combinado, a colônia se levantaria em massa, as tropas se reuniriam aos habitantes, que tomariam a Casa da Moeda, cofres, depósitos e o Arsenal de Guerra. Todas as autoridades do governo seriam destituídas e se criariam outras, "Populares". Uma comitiva de cidadãos iria à embarcação do comandante para lhe pedir a proteção da República francesa. Em troca, a França receberia, pelo menos, 15 milhões de francos em mercadorias: ouro, prata e diamantes; madeiras de construção, açúcar, café e algodão.

Larcher tinha ainda a expectativa de que, com essa quebra do poder colonial na Bahia, as demais capitanias da América portuguesa também se rebelassem e viessem a formar um só povo livre e unido. Em outras palavras, antevia a Independência do Brasil. Será que os conspiradores baianos compartilhavam tais perspectivas de unidade nacional? Difícil saber com certeza. Aparentemente, estavam empenhados na criação da República Bahiense.

Preocupado em Lisboa, sem conseguir chegar a Paris depois de deixar a Bahia, Larcher lembrava o combinado: os rebeldes baianos esperariam até um ano pelo auxílio francês. Isto é, até janeiro de 1798. Caso houvesse demora, o militar francês temia "consequências funestas", pois sabia que os rebeldes não esperariam mais tempo e agiriam por conta própria, tal o clima de tensão, insatisfação e disposição para a luta que ele encontrara entre os conspiradores.

A partir do começo de 1798 surge um racha entre os conjurados baianos: uns queriam continuar esperando as tropas francesas, outros não.

Manoel Faustino dos Santos, pardo liberto, alfaiate e filho de uma escrava, narrou que, ao encontrar o cirurgião Cipriano Barata na rua, falou com entusiasmo do levante que se pretendia fazer em Salvador "para se conseguir o direito de liberdade e igualdade". Cipriano, então, teria interrompido sua fala, "desvanecendo-lhe debaixo do fundamento da incapacidade dos habitantes deste continente para semelhante ação, por viverem debaixo da disciplina do cativeiro, porém lembrando-lhe ao mesmo tempo que era melhor esperar que viessem os Franceses, que andavam nessa mesma diligência pela Europa, e não tardariam em chegar aqui". Manoel Faustino ficou embaraçado com a posição de Barata, o qual, visivelmente, estava a par das conversas com o capitão Larcher.

O mesmo Faustino relata que, dias depois, ia passando pela rua quando Cipriano Barata, que se encontrava numa botica, chamou-o para conversar.

– Quais são as novidades? – indagou-lhe o cirurgião.

Quem parecia ter mesmo novidades era o próprio Cipriano, que lhe afirmou então:

– Pois sabia que o Pontífice foi lançado fora de Roma, e suponho que estará morto a esta hora! E os Franceses vão com grande armada contra Inglaterra!

Cipriano Barata referia-se aos acontecimentos então recentes, quando as tropas de Napoleão Bonaparte invadiram o Vaticano, entre 1796 e 1798, proclamando ali a República Romana. O papa Pio VI foi deposto e preso. Em seguida, Bonaparte planejava um grande ataque à Grã-Bretanha. O passo seguinte, com a Inglaterra neutralizada, poderia ser a conquista (ou "libertação") do Brasil.

Note-se que Cipriano Barata não contestara, segundo Faustino, o levante para realizar a liberdade e a igualdade, mas queria contar com a força da Revolução Francesa para a empreitada. Ou seja, uma divergência mais tática do que estratégica. E Cipriano usava seu proselitismo sedutor na tentativa de convencê-lo para tal posição, à maneira do que já parecia ter obtido com os conspiradores Domingos

■ Cipriano Barata queria esperar as tropas da Revolução Francesa.

Pedro Ribeiro e Gonçalo Gonçalves, afastando-os do "partido" do soldado Lucas Dantas Torres, pardo, isto é, daqueles que queriam encurtar a demora do levante, sem esperar os franceses.

Lucas Dantas, durante os interrogatórios na prisão, lembraria outro encontro onde estiveram, além dele próprio e de Cipriano, o pardo Luis Pires e os tenentes José Gomes de Oliveira Borges e Hermógenes de Aguilar Pantoja, na Guarda da Praça, da qual este último, aliás, era o comandante, como tenente do 2º Regimento de Linha. Em tal encontro, ocorrido em junho de 1798, "trataram todos de conjuração e levantamento". Foi nessa ocasião que, segundo Lucas Dantas, diante das queixas pela demora na execução do levante, Cipriano teria afirmado que "era melhor que houvesse essa demora porque quanto maior fosse, maior número de gente se adquiria ao fim de se realizar".

Em carta, o escrivão Domingos da Silva Lisboa incitava o mesmo Cipriano Barata: "Não deixe de aclamar logo o chefe da república baiana. No estado em que se acha Portugal devemos aproveitar a ocasião para proclamar a Independência da Capitania. Já deve estar na barra uma esquadra francesa que vem ao nosso auxílio".

Além disso, havia referências mais claras. O mesmo Lucas Dantas escrevera: "Creio no grande Bonaparte". E Manoel Faustino fazia afirmações como: "Que iam se tornar livres os cativos e os pardos; que o Grande Bonaparte não tardaria aqui a quatro meses a defender com grande armada o Partido da Liberdade".

O nome de Napoleão andava nas cabeças e nas bocas em Salvador durante 1798. E a expectativa de chegada dos franceses era concreta.

São muitas as referências, nos Autos das Devassas (inquéritos judiciais) da Conjuração Baiana, àquilo que as autoridades portuguesas chamavam de "francesia" revolucionária. A conspiração já existia antes da chegada de Larcher, mas ganhou impulso a partir dela. Um divisor de águas.

Os topázios – Enquanto os franceses discutiam se atacavam ou não a América Portuguesa e simultaneamente às movimentações da Conjuração Baiana, as riquezas chegavam à França via contrabando. Topázios vindos do Brasil pousaram sob a mesa dos revolucionários durante o Diretório, a 6 Ventoso, Ano VI (24 de fevereiro de 1798). O ministro da Marinha e das Colônias, Laurent Truguet, enviou ao Departamento das Colônias uma caixa contendo 10.255 pedras. Os comissários da Tesouraria Nacional, após conferirem, constataram que havia, na verdade, 12.452 unidades. O topázio é um mineral classificado como pedra preciosa. Sua cor típica é vinho ou amarelo-claro. Pode também ser verde, branco, azul, cinza ou amarelo-avermelhado; transparente ou translúcido.

Na Europa, a chance perdida

O périplo do capitão Larcher pela Europa não ajudava no avanço da Revolução na Bahia. Permanecia travado. Ele chegara a Portugal em meados de março de 1797. Ao contrário do que esperava, e apesar da carta de recomendação do Capitão General da Bahia, o oficial francês foi mal recebido em Lisboa. Encontrou-se com o ministro

Rodrigo de Sousa Coutinho, futuro conde de Linhares, com quem teve diálogo áspero. Larcher explicou que estava ali com sua família sem qualquer recurso: o navio que comandava fora confiscado e precisava retornar logo à França para prestar contas a seus superiores. Pediu, então, que lhe fosse feito um empréstimo para a viagem de retorno, a ser pago por letras de crédito do governo francês, como era costume entre os países europeus, mesmo em tempos de hostilidade. Rodrigo Coutinho, sarcástico e sem meias palavras, afirmou que o dinheiro só seria liberado caso Larcher quisesse colaborar com as autoridades portuguesas como espião. Diante da recusa indignada de Larcher, Rodrigo encerrou a conversa, afirmando que iria pensar sobre o auxílio solicitado, o que nunca fez.

O tempo passava. Larcher era pressionado para ser um agente tanto dos portugueses quanto dos ingleses, mas ele não cedeu. Sentia falta da calorosa hospitalidade dos baianos. E temia enviar cartas, que poderiam ser interceptadas. Mesmo assim, remeteu quatro correspondências ao Diretório (Poder Executivo) e ao ministro da Marinha francês. Sem resposta, foi preso e deportado para a Espanha, por ordem do ministro Sousa Coutinho, e teve seus bens e pertences apreendidos pelas autoridades lusitanas.

Enquanto isso, França e Portugal ensaiavam negociações diplomáticas – o que pode ter segurado a iniciativa de invasão militar. Portugal pretendia permanecer neutro no conflito entre as potências. Mas até quando sustentaria tal posição, diante das pressões cada vez mais fortes? O próprio Rodrigo era considerado o chefe do "partido" inglês em Portugal, isto é, dos que defendiam o alinhamento com a Grã-Bretanha. Seu antagonista, o principal nome do "partido" francês, era Antonio de Araújo de Azevedo, futuro conde da Barca.

Em 1797, Araújo de Azevedo foi enviado a Paris pelo governo português para negociar um tratado com o governo do Diretório. O acordo fechado por ele previa, entre outros aspectos, ceder parte da Amazônia brasileira à França. Quando a notícia deste tratado chegou a Portugal, o ministro Rodrigo Coutinho conseguiu vetá-lo, e o resultado foi que as autoridades revolucionárias francesas, insatisfeitas com o recuo, prenderam Araújo de Azevedo por alguns meses.

Só após quatro ou cinco meses de estadia forçada, até julho ou agosto de 1797, Larcher foi expulso de Portugal, viajando numa carruagem, por terra, até Madri. Naquele momento, a Espanha mantinha uma política de aproximação com a França. Logo, ele escreveu e enviou da capital espanhola nova carta a seus superiores, em 24 de agosto, tratando da urgência do envio de tropas à Bahia. Explicava, justificava, argumentava, incitava, conclamava, alertava... Mas não obteve qualquer resposta.

Finalmente, em setembro de 1797, Larcher chega a Paris. Ele enviou várias cartas ao ministro da Marinha e procurou pessoalmente o Diretório. Numa das missivas a Napoleão Bonaparte, posteriormente, afirmava que "fiel à minha Pátria, resisti sem penas às seduções de honra e dinheiro que me foram ofertadas em Lisboa". Em outra correspondência, ao "Cidadão Primeiro Cônsul", Larcher afirmava a Napoleão ter por ele "grande admiração". Seus planos quanto ao Brasil não receberam qualquer acolhida. Bonaparte faria no ano seguinte a bem-sucedida invasão do Egito. E Larcher, como tantos outros militares franceses, sonhava em ser um Napoleão naquele momento de tantas oportunidades, com a expansão de conquista e a explosão revolucionária. Quem sabe o Napoleão da América do Sul, a partir da Revolução da Bahia?

Na condição de chefe de divisão das forças navais da República, Larcher elaborou então um projeto de estabelecimento nas Filipinas e na Cochinchina. Também sem resposta.

Ainda em 1799, Larcher encaminhava ao Diretório da República Francesa novo "Plano de Expedição Marítima" à Bahia, com diferenças em relação ao projeto anterior. Desta vez, incluindo o Brasil no caminho para as Índias. Isto é, uma esquadra com 45 navios de guerra de linha (acompanhada das fragatas que estivessem disponíveis) saindo do porto de Brest com destino inicial à ilha da Madeira. Neste ponto, a frota se dividiria: uma parte iria direto ao Cabo da Boa Esperança, para tirá-lo de surpresa da posse dos ingleses; outra parte deveria se dirigir à Bahia de Todos os Santos. Depois, ambas se reencontrariam nas Ilhas Maurícias, onde o dinheiro obtido na Bahia deveria ser utilizado. Larcher queixava-se de que, há dois anos, clamava aos dirigentes da Revolução Francesa pelo apoio concreto à Independência da Bahia e do Brasil. E reiterava:

O Governo francês pode estar seguro de que os habitantes da Vila de São Salvador, capital da capitania mais considerável de todo o Brasil, acolherão os franceses como libertadores, como amigos: fatigados do duplo domínio que os esmaga, eles só respiram pela liberdade.

Saberia Larcher da repressão que se abatera sobre a "francesia" em Salvador? Dezenas de pessoas presas ou interrogadas entre agosto de 1798 e janeiro de 1799. Sem contar os foragidos. Trinta e três homens foram detidos e processados, a maioria negros e pardos. Vários deles seriam açoitados em praça pública. O estopim que trouxe à tona o movimento foram papéis manuscritos que amanheceram colados nas ruas soteropolitanas, em 12 de agosto de 1798. Um desses pasquins dizia:

> As Nações têm seus olhos fixos na França, a liberdade é agradável para todos: é tempo povo, povo o tempo é chegado para vós defenderdes a vossa Liberdade, o dia da nossa revolução, da nossa Liberdade está para chegar. Animai-vos, que sereis felizes para sempre.

O conteúdo desse e de outros papéis sediciosos parecia estar em sintonia com o projeto militar e comercial assumido pelo capitão Larcher, na defesa do "socorro Estrangeiro" e da abertura dos portos "mormente à Nação Francesa".

Aqueles que não queriam mais esperar a chegada das tropas francesas colocaram as palavras em revolução nas ruas. Mas a Revolução não compareceu ao encontro, e as consequências funestas previstas por Larcher se concretizaram. Embora a conspiração tivesse elementos situados no alto da hierarquia social ou cultural, quatro réus viram-se condenados à morte: os pardos e pobres Manoel Faustino dos Santos Lira, Lucas Dantas Amorim Torres, João de Deus do Nascimento e Luís Gonzaga das Virgens. Conduzidos à praça da Piedade, em Salvador, foram enforcados em cerimônia punitiva solene, de exibição pública de terror, em 8 de novembro de 1799. Seus corpos, esquartejados, tiveram partes expostas nos locais onde haviam morado ou conspirado. Foram os quatro Tiradentes da Conjuração Baiana (no dizer do compositor e teatrólogo Mário Lago, que lhes dedicou uma peça musical em fins do século XX).

O tenente Hermógenes de Aguilar Pantoja, apontado por testemunhas como o chefe militar do projetado levante, foi condenado a seis meses de prisão. Cipriano Barata, após quatorze meses detido, viu-se absolvido por falta de provas. O capitão Larcher não aparece citado uma única vez nos Autos das duas Devassas, que investigaram minuciosamente a conspiração. Falava-se o tempo todo de "francesia", mas não se dava nome aos bois. Ou ao boi, especificamente. Assim como não foram incriminadas várias figuras de poder social e econômico baianas. Um pacto de silêncio e autoproteção?

O projeto de ataque à Bahia pelo capitão Larcher e pelos conspiradores foi vetado por Charles-Maurice de Talleyrand-Périgord (1754-1838), influente diplomata e político, que, no período, estava à frente do ministério das Relações Exteriores. Talleyrand, que tinha grande capacidade de articulação e era mestre em intrigas, foi apelidado de "diabo manco", em razão de uma deficiência nas pernas. Ele teve duas motivações para tal gesto: tentava um acordo diplomático com Portugal e dava preferência ao expansionismo francês através do Mar Mediterrâneo.

✹ *Quem foi Larcher?*

Antoine-René Larcher nasce em 1741 no vilarejo de Sens, região de Bourgogne, 125 quilômetros a sudeste de Paris. Filho de Antoine Blaise Larcher e Colombe Bonnerot. Aos 19 anos entra para o Exército, no Regimento de Infantaria de Navarre, no qual permanece até 1765, no posto de furriel (intermediário entre cabo e sargento). Ou seja, ainda no reinado de Luís XV. Embarca para a Marinha Mercante em 1768, permanecendo no Oceano Índico por dezesseis anos, baseado nas Ilhas Maurícias e dirigindo várias embarcações. Logo após a Queda da Bastilha, é nomeado capitão dos voluntários da Guarda Nacional de Saint-Leu, arredores da capital francesa. Em 1791, Larcher paga uma dívida de 1.200 libras esterlinas à viúva de Du Coudray, agiota em Paris. Transferido para a Marinha de Guerra, comanda a fragata *La Méduse*, em 1793. Preso duas vezes pelos ingleses durante combates no Canal da Mancha, consegue a liberdade. Detido pelo governo jacobino sob acusação de traidor da pátria, fica encarcerado até 20 de agosto de 1794. Então, no governo dos Girondinos, é promovido a capitão de navio de segunda classe e, dois anos depois, para primeira classe. Casa-se primeiro com Marie Marguerite Malthey e, em 1795, com Marie Eugénie Joseph Depièvre, com quem teve duas filhas, uma delas, Eugénie Josèphe Depierre, nascida no mesmo ano.

Quando esteve na Bahia, Larcher era um homem de 56 anos, branco, rosto oval, queixo arredondado, cabelos e sobrancelhas grisalhos e testa desguarnecida. Tinha olhos castanhos, nariz fino, boca de tamanho médio e media 1,68 m de altura. Após os episódios das Ilhas Maurícias e da Bahia, ele não obtém mais missões, tendo ficado "queimado". Com a ascensão de Bonaparte ao poder, não é incluído na reorganização da Marinha, em 1800. Aposenta-se no ano seguinte e passa a morar no número 14, Quais de l'Union (denominação, durante a Revolução Francesa, do Quais d'Anjou) ilha de Saint-Louis, Centro de Paris. Em terra firme, mas rodeado pelas águas do Sena. Sem notícias de outras atuações públicas, falece em 17 de julho de 1808.

Com vasta experiência militar, comercial e política, passando pelo Exército, pela Marinha Mercante e pela Marinha de Guerra, Larcher iniciou sua carreira no Antigo Regime, durante os reinados de Luís XV e Luís XVI. Porém, parece ter ficado mais à vontade nos períodos ditos moderados da Revolução Francesa, quando se deu a parte mais visível e marcante de sua atuação. Ou seja, um militar de carreira identificado a uma das tendências revolucionárias. Larcher foi excluído de suas atividades durante o governo dos jacobinos

(Robespierre) e com o advento de Napoleão Bonaparte. E não realizou plenamente suas aspirações militares e políticas, das quais a realização da Independência da Bahia e do Brasil parece ter sido a mais ambicionada.

⚐ *Que fim levaram?*

O tenente ***Hermógenes de Aguilar Pantoja*** (Salvador, 1770-1821) prosseguiu sua carreira militar. Em 1796 foi promovido a segundo-tenente da Companhia do Segundo Regimento de Artilharia da Bahia, por Carta Patente da rainha Maria I, assinada pelo príncipe do Brasil, João. No posto de major, Hermógenes faleceu em combate nos prenúncios da Guerra de Independência da Bahia: em 9 de fevereiro de 1821, durante o motim de civis e militares que depôs o último Capitão General da Bahia, Conde de Palma, foi atingido numa escaramuça pelas tropas fiéis ao governo deposto. Seu filho, Gustavo Adolfo de Aguilar Pantoja, tornou-se figura importante nos círculos políticos do Império do Brasil, sendo deputado, ministro de Estado e integrante do Superior Tribunal de Justiça.

Cipriano José Barata de Almeida (Salvador, 1762 – Natal, 1838) teria longa e sofrida trajetória política. Foi um dos pioneiros da Independência do Brasil, participando ao lado do major Hermógenes Pantoja da deposição do conde da Palma. Deputado nas Cortes de Lisboa em 1822, foi preso no ano seguinte à Independência e passou no cárcere a maior parte do primeiro Reinado, sob Pedro I. Redigiu o jornal *Sentinela da Liberdade*, que teve grande impacto. Foi uma das principais lideranças de âmbito nacional no Brasil pós-1822, expressando um projeto de nação mais inclusivo e solidário. Esteve novamente detido durante o período das Regências, a partir de 1831. Candidato ao Senado e a regente, mas sem ter exercido qualquer cargo público, faleceu em situação de pobreza em 1838, afastado da vida política pela repressão insistente das forças conservadoras. Cipriano foi o único dos participantes da Conjuração Baiana a ter admitido, posteriormente, sua presença no episódio e "pelo bem da Pátria".

Fernando José de Portugal e Castro (Lisboa, 1752 – Rio de Janeiro, 1817), Capitão General da Bahia entre 1788 e 1801, foi o 14º vice-rei do Brasil, de 1801 a 1806, quando retornou a Portugal. De volta ao Brasil, dois anos depois, acompanhando a Corte Real, exerceu os cargos-chave de ministro da Guerra e dos Negócios Estrangeiros e presidente do Real Erário. Nomeado marquês de Aguiar, pelos serviços prestados.

Rodrigo de Sousa Coutinho (Portugal, 1755 – Rio de Janeiro, 1812) teve carreira singular entre a nobreza e a administração pública lusitanas. Durante estada na França, em período anterior à Revolução Francesa, conviveu com figuras marcantes do Iluminismo, como o abade Raynal e d'Alembert, mantendo com o primeiro estreita correspondência. De volta a Portugal, é nomeado ministro da Marinha e Ultramar em 1798, quando João era príncipe regente. Um dos primeiros desafios do novo ministro foi ordenar a repressão à Conjuração Baiana, quando cunhou a expressão "abomináveis princípios franceses". Tornou-se o principal coordenador de um projeto luso-brasileiro de poder, ajudando a formar toda uma geração nascida na América portuguesa, como Hipólito da Costa, José Bonifácio de Andrada e Silva, Manuel de Arruda Câmara, Antonio de Moraes e Silva, propondo o Brasil como sede da monarquia lusa. Sousa Coutinho, conde de Linhares, ocupou sucessivos cargos: secretário de Estado da Marinha e do Ultramar (1795-1801), primeiro-ministro de Portugal (1801), secretário de Estado dos Negócios Estrangeiros e da Guerra (1801) e ministro da Guerra no

Brasil (1808-1812). No Brasil, ordenou guerra ofensiva e escravização dos índios chamados de Botocudos e tornou--se figura central para a manutenção da influência inglesa na sociedade, com o Tratado de 1810. Seu falecimento foi cercado de rumores: teria sido agredido pelo príncipe João durante um bate-boca e caído em depressão, segundo uns, ou mesmo envenenado, segundo outros.

Napoleão deu sinal verde: o almirante Lacrosse vai invadir o Rio de Janeiro e Angola

"[...] chegando lá anunciaríamos por uma proclamação, aos infelizes habitantes deste país, o desejo de lhes conceder a liberdade, a abolição da escravidão [...]"

O almirante Jean-Baptiste Raymond de Lacrosse não era de brincadeira. Ele tinha um plano ambicioso: apropriar-se de Angola e da Bahia, incorporando essas possessões portuguesas à França, na rota do tráfico negreiro. Porém decidiu alterar sua empresa, apresentando outro projeto, que visava invadir o Rio de Janeiro, para a conquista do Brasil, onde havia "tesouros magníficos". Acreditava que seria tarefa fácil, pelo fato de os soldados brasileiros serem, segundo ele, preguiçosos, mal alimentados e despreparados. Enviou carta pessoal a Napoleão Bonaparte expondo a questão. Trata-se de um colonizador feroz, desses que ingeriam carne vermelha malpassada, e que elaborou três planos de ataque.

Quem era esse personagem? Um aventureiro? Evidente que não, mas alguém situado no topo da hierarquia das forças navais, com sólida carreira no Império napoleônico e homem de confiança do imperador dos franceses.

Nascido em 1760, em Meilhan, a cinquenta quilômetros da costa atlântica, iniciou a carreira na Marinha de Guerra por baixo, como guarda-marinha, aos 19 anos. Foi nomeado assistente dois anos depois e promovido a tenente em 1788. Ali teria parado sua trajetória na aristocrática Armada, não fosse a Revolução Francesa. Em 1792, viu-se nomeado capitão, no auge da efervescência revolucionária. Apresentava-se como um militar duro, preconceituoso e cruel – revelando o lado obscuro e autoritário presente também nas revoluções. Sabia ser camaleônico quando preciso. Naquele momento, a França da igualdade, liberdade e fraternidade precisava de força militar para defender-se dos inimigos internos e externos, cercada que estava pelos exércitos da nobreza e pelas monarquias absolutistas e hostis. Tenso encontro entre generosidade e violência. Isso acabou gerando figuras como Lacrosse e o próprio Bonaparte.

Fisicamente, Lacrosse era um tipo comum francês. Cabelos castanho-escuros lisos e curtos com ligeira franja, lábios finos, orelhas e nariz pequenos, sem traços ou expressão marcantes, mas atarracado e com um olhar meio vazio, quase indiferente.

Escravismo e combate aos ingleses

Antes de mirar as terras afro-brasileiras, Lacrosse realizou importantes feitos, do ponto de vista bélico, em defesa dos interesses da França nas Américas e na Europa.

Tornou-se governador provisório de Guadalupe em 1793, quando conseguiu impedir que a rebelião de escravos se transformasse em revolução, como ocorria em São Domingos (Haiti), no Caribe. A Revolução do Haiti triunfou. A ferro, fogo e muito sangue derramado, com cadáveres amontoados, as tropas de Lacrosse debelaram a rebeldia na Martinica e Guadalupe.

Com a Abolição da escravatura nas colônias francesas no ano seguinte, Lacrosse foi preso na França, acusado de ser monarquista e contra as liberdades. Para se defender, publicou sua versão dos acontecimentos: *Compte rendu à ses concitoyens par le capitaine La Crosse, commandant de la frégate de la République, La Félicité, des missions aux Isles du Vent de l'Amérique, pendant les années 1792 & 1793* (Prestação de contas oferecida a seus concidadãos pelo capitão La Crosse, comandante da fragata da República, *La Félicité*, das missões nas Ilhas do Vento, durante os anos 1792 e 1793). O navio que ele dirigia nomeava-se A Felicidade. Ilhas do Vento era a denominação nada romântica dos territórios das Antilhas expostos ao sopro incessante vindo do Nordeste daquela região.

Lacrosse foi solto após o fim da fase jacobina, até porque o sistema econômico e político buscava homens como ele, para se defender e brigar. Ele participou do ataque à Irlanda em 1796, comandando o navio sugestivamente chamado *Droits de l'Homme* (Direitos do Homem), com tripulação de 690 homens e 78 canhões. Entretanto, encontrou duas embarcações de guerra inglesas com 74 canhões cada e, após encarniçado combate, o *Droits de l'Homme* afundou, em 7 de janeiro de 1797. Os Direitos do Homem naufragavam.

Dois anos depois, Bonaparte oferece a Lacrosse o ministério da Marinha, mas ele recusa. Não era homem de gabinete, mas sim de combate no terreno. É enviado em missão à Espanha como embaixador e, em seguida, novamente a Guadalupe. Lá, com a morte do governador da ilha, general Antoine de Béthencourt, ele se recusa a ser comandado pelo interino, um oficial mulato, Magloire Pélage. E Napoleão nomeia Lacrosse governador da ilha, em 1801. Alguns meses depois um motim depõe e prende Lacrosse que, por sua truculência, foi embarcado à força para a Europa. Magloire assume mais uma vez o comando do território e conta com adesão de vários soldados e oficiais que até então apoiavam Lacrosse.

Tinhoso, Lacrosse desembarca na parte espanhola de São Domingos e permanece no Caribe. Ali ele aguarda as tropas francesas que Bonaparte envia para reestabelecer a escravidão nas colônias em 1802. Lacrosse assume o comando em chefe das forças que invadiram Guadalupe e, depois de uma violenta repressão, com milhares de torturados, mortos e feridos, recompõe a ordem escravista e colonial. Foi uma verdadeira carnificina. A igualdade civil proclamada com a Abolição implodiu diante do poder (re)estabelecido. A primavera durara oito anos.

Angola e Bahia

Foi nesse contexto tumultuado que Lacrosse, entre a França e as Antilhas, formulou seus planos de invadir sucessivamente Angola e a Bahia, em 1799, bem como o Rio de Janeiro em 1800 e, novamente

Angola, Bahia, e possessões inglesas naquele mesmo ano. Como pano de fundo, havia os interesses do aparato militar e mercantil dos colonos, administradores e comerciantes franceses que se beneficiavam das mercadorias resultantes da escravidão e do tráfico. Tais forças pressionavam para que o escravismo e seu cortejo fossem restaurados. O que realmente ocorreu. A pressão deu certo.

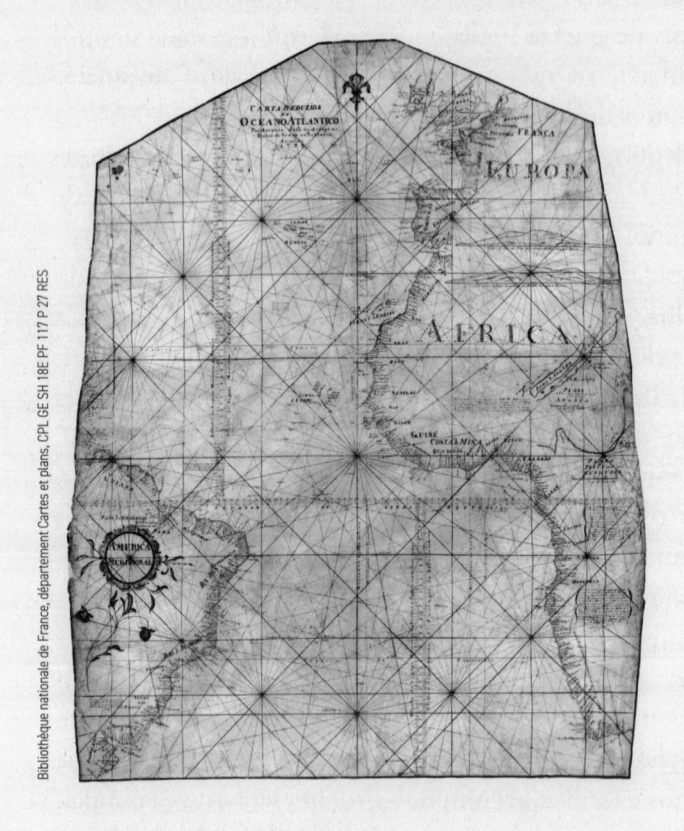

■ Litoral da África e do Brasil em mapa da época.

O *Projet d'expédition contre quelques possessions portugaises du Brésil et côte d'Angola* (Projeto de Expedição contra algumas possessões portuguesas do Brasil e costa d'Angola) tinha onze páginas manuscritas. Datado de 24 de dezembro de 1799 (3 Nivoso Ano VIII, no calendário da Revolução), era de uma argumentação que parecia consistente, tanto como estratégia e tática militares, como perspectiva política e de relações comerciais internacionais. Alegava que a Marinha francesa estava inativa e perdia terreno diante da superioridade naval de seus inimigos, sobretudo a Inglaterra. Não era possível enfrentá-los abertamente, o que poria a França em desvantagem. A solução seria fazer ataques pontuais que dispersassem e preocupassem os adversários. Para isso, era preciso tirar o foco da Europa e chamar os oponentes até o além-mar.

Para uma invasão e conquista plenas, seriam necessários dez navios de linha, quatro fragatas e três corvetas, carregando 7.200 homens. Não era possível, traria um desfalque importante. Lacrosse pensou então em algo mais enxuto e, a seu ver, ainda eficaz. Conquistar algumas cidades e entrepostos e colocá-los como dependentes da França, contribuindo com dinheiro e produtos. Tais locais estavam situados na costa atlântica e mais ou menos paralelos: Bahia e Angola. Ele retraçava, assim, a rota do tráfico de escravos e de mercadorias. Propondo, em consequência, triangulação com o sul da América (Rio de Prata), as Antilhas e a França. O trajeto estaria facilitado pelos ventos do norte que, em março, sopram na região. Tudo previsto e calculado. Nítida proposição. Quase perfeita.

As tropas para a empreitada teriam: dois navios de linha, duas fragatas e duas corvetas, com um total de 1.200 homens. Isto deveria bastar. As despesas seriam relativamente baixas e, se apreendessem uma nau portuguesa carregada de mercadorias no caminho de Salvador (Bahia), o lucro imediato poderia chegar a 10 milhões de francos. Nada mau. Não havia tempo a perder.

O itinerário da expedição: partiriam rumo a Santiago da Praia, em Cabo Verde, onde se daria a primeira etapa da operação: saque e conquista. Daí seguiriam direto para o Brasil, atravessando o oceano na altura da Bahia, sem um rumo preciso, apreendendo as embarcações que encontrassem. A carga obtida seria levada a Montevidéu (pois a Espanha estava aliada da França) para ser comercializada.

Numa espécie de zigue-zague, a força atravessaria novamente o Atlântico até Benguela (Angola). Era, segundo Lacrosse, o entreposto "que fornece mais Negros ao Brasil" (entre 15 e 20 mil por ano, pagos em ouro). Tinha habitantes ricos com estoque em dinheiro vivo e ouro, além de um importante comércio com as Índias. Da quantia arrecadada com a venda dos escravizados, a administração lusitana tirava 41 francos "por cabeça de negro", e o padre que os batizava levava um cruzado por cada um. Era um mercado sólido tanto no material quanto, digamos, no religioso. Mesmo sem mexer nessa distribuição, a França poderia arrecadar cerca de 4 milhões de francos. Um negócio da China, ou melhor, da África.

Terminada essa fase da campanha, a frota seguiria novo trajeto. Subiria o litoral africano para o norte, desde Benguela até o rio Congo, "limpando os entrepostos" no caminho: Ambriz, Cabinda, Malimbe, Luanda, Maiunda e Gabão. Saqueando os navios portugueses e ingleses ali estacionados. Obteriam ganhos de 1,5 milhões de francos. Simples assim. Talvez não tão simples, e, nessa altura da argumentação, Lacrosse se lembra de pedir um reforço. Além da equipagem inicial, seria preciso acrescentar quatro barcos (construídos à maneira holandesa, isto é, de fundo plano) para cada navio ou fragata, a fim de agilizar o desembarque.

Em suma, como despesas, a expedição necessitaria de pouco: armas e munições do Arsenal do governo, víveres para seis meses e 200 mil francos, para pagar dois meses de soldo adiantados e para os gastos básicos. O sucesso seria garantido, e o lucro, vultuoso.

Após detalhar aspectos geográficos e das guarnições militares portuguesas na África (da Bahia, ele não cita), Lacrosse finaliza seu projeto – cheio de certezas – com uma indagação. Qual o destino dos negros capturados? Não era possível conduzi-los como cativos, por exemplo, até a Guiana Francesa, pois a escravidão estava formalmente abolida naquele momento nas colônias da França. Mas Caiena poderia aumentar sua produção introduzindo tais braços e "tornar esses homens felizes em lhes fazendo fecundar uma terra que lhes supriria abundantemente em suas necessidades, às custas da República". Escravismo utópico ou cinismo de um militar negreiro? A resposta não é difícil.

Rumo ao Rio de Janeiro

Em 11 de abril de 1800 (21 Germinal Ano 8), Lacrosse manda uma carta de punho próprio a Napoleão Bonaparte. A proposta anterior não vingara. Ele agora fazia outra, e, desta vez, a bordo do navio *Le Terrible* (O Terrível), nome que parece mais adequado. *Projet d'attaque de la ville S. Sebastien, chef-lieu des établissements du Sud du*

Brésil, à l'entrée de la rivière appelée en portugais Rio de Janeiro (Projeto de ataque da cidade de S. Sebastião, capital dos estabelecimentos do Sul do Brasil, na entrada do rio chamado Rio de Janeiro). Também com onze páginas.

O título causa espanto pelas imprecisões. Lacrosse confunde a baía da Guanabara com um rio, algo que os próprios franceses haviam esclarecido já no século XVI. E se refere à cidade apenas pelo nome de seu padroeiro, o que não era habitual. Ou seja, a cidade de São Sebastião, que fica na beira do rio de Janeiro. Ele deve ter se baseado em cartografia e documentação desatualizadas. Por outro lado, no detalhamento do projeto, o almirante revela informação minuciosa e recente das condições militares da cidade – provavelmente obtidas através de espiões. Cita o nome de cada guarnição e o efetivo de homens, bem como os armamentos e a localização geográfica. Não era trabalho de amador.

Lacrosse é enfático ao dirigir-se a Bonaparte, então primeiro cônsul. Propunha uma ação audaciosa e heroica que cobriria de glória o gênio que a executasse: conquistar o Rio de Janeiro e então o Brasil. Não apenas saquear, mas permanecer. Não destruir, mas explorar e conservar. Uma conquista seguida de colonização.

Diferente do plano anterior, Lacrosse propunha que a França abolisse a escravidão no Brasil. Mas não na África. Seria essa ideia uma tática para evitar animosidades no interior da Revolução Francesa? Seja como for, ele recomenda e reitera o abolicionismo. Quem sabe para colocar os cativos contra os portugueses e a favor dos franceses? Em outros lugares, como no Haiti, essa tática foi usada. De qualquer modo, caberia à "grande nação", que se tornava a França em revolução, ampliar suas fronteiras, levando "o facho da Luz da liberdade" a outros territórios. Mistura curiosa de dominação colonial e Iluminismo.

O plano era direto. Para ocupar o Rio de Janeiro, ele via dois caminhos. Um, à maneira do famoso corsário Duguay-Trouin, noventa anos antes: invadir frontalmente e de surpresa a baía da Guanabara, encarando o fogo das fortalezas. Mais rápido e arriscado, resultaria em triunfo ou fracasso retumbantes. O outro, mais prudente e demorado, consistia em desembarcar as tropas na Ilha Grande (a 150 quilômetros da capital e bem próxima do litoral) e levá-las até a cidade, evitando os fortes à beira-mar, onde se concentrava maior aparato militar. Lacrosse preferia esta opção, mas deixava a escolha para Napoleão e os comandantes militares da República.

Os meios de execução: dez navios de linha, quatro fragatas e três corvetas, com um total de 7.200 homens. Organizados em duas meias brigadas de infantaria para o desembarque com 6 mil soldados, um regimento de 800 dragões para avançar pelo interior e 400 artilheiros. Contariam com 6 mil fuzis, bombas, morteiros, balas de canhões e munições proporcionais. O almirante esperava ainda receber a adesão de militares franceses emigrados, que estavam no Brasil a serviço de Portugal, e mais alguns europeus que conheciam o terreno. Seria lançado um manifesto à população, contendo as intenções da República francesa e conclamando apoio, colaboração e união, além de abolir o trabalho escravo.

Lacrosse considerava o Brasil, em 1800, como unidade administrativa pronta a se transformar em unidade política, dividido em três regiões (Norte, Centro e Sul), tendo como principais cidades Salvador e Rio de Janeiro.

Segundo o almirante, o Brasil era "um país rico e abundante, [com] um solo fértil", exigindo apenas agricultura para produzir açúcar, índigo, tabaco, trigo e arroz, além de possuir plantas medicinais como ipecacuanha, pau-brasil para tinta e muitas madeiras para construção, inclusive naval (beneficiando a indústria de guerra francesa). Havia também ouro, diamante e gado. Ainda por cima, possuía "um clima saudável, onde os calores são temperados pelas doces brisas do oceano e pelos ventos frescos das montanhas". A visão do paraíso nos Trópicos. Entretanto, se a natureza era acolhedora e promissora, o mesmo, segundo ele, não podia ser dito do elemento humano.

Em primeiro lugar, Lacrosse avaliava que havia "uma colônia embrutecida e frouxa sob o duplo preconceito do fanatismo mais absurdo, do despotismo mais ultrajante", ideia semelhante à do abade Raynal (filósofo francês que pensou criticamente a colonização europeia em meados do século XVIII). Em segundo, o militar francês garantia que os soldados brasileiros, que só se alimentavam de mandioca e inhame, eram "fracos e magros", entregando-se à "devassidão mais crapulosa", embebedando-se de vinhos e outras bebidas, doentes com frequência. Soma-se a tais características que as tropas são compostas do "conjunto da mais vil canalha de Portugal ou desertores de diversas nações". Elementos que facilitariam a vitória francesa.

Havia também milícias armadas formadas por colonos civis que, segundo suas informações, eram compostas de 6 mil homens no Rio de Janeiro e arredores, mas que também não representariam perigo. Afinal, eram "homens sem energia, propensos à fadiga, acostumados aos prazeres do luxo e que não podiam suportar o esforço de uma simples marcha e tremeriam ao primeiro tiro". Em suma, a França combateria militares e civis que eram "hordas de imbecis, embrutecidos, sem disciplina, como sem coragem".

A conquista do Brasil teria o efeito de arruinar Portugal e atingir em cheio a Inglaterra, que usava a riqueza ali obtida para financiar a guerra. A França deveria valer-se dessa fraqueza lusitana para invadir a África portuguesa, onde poderia obter, de imediato, de 15 a 18 milhões de francos em ouro, diamante e outras mercadorias. Lacrosse voltava à carga e retomava seu plano em relação a Angola e outras localidades. Para tanto bastaria enviar do Brasil (àquela altura, já tornado francês) 2.500 homens em três navios de linha e três fragatas. Ele calculava um total de quatro meses, desde a partida das tropas, a invasão africana e o retorno à França com as riquezas.

A decisão de Bonaparte sobre tal expedição demorava a sair. O almirante Lacrosse retoma o plano de invasão e acrescenta novos elementos, num terceiro projeto. Insiste e não desiste. *Projet d'expédition sur quelques possessions portugaises, comptoir anglais, côte du Brésil et d'Angole* (Projeto de expedição sobre algumas possessões portuguesas, entrepostos ingleses, costa do Brasil e de Angola), com dez páginas manuscritas.

Ele adiciona então, como novidade, a destruição dos postos de pesca na Terra Nova (Canadá) e o ataque a navios pesqueiros ingleses que encontrasse pelo caminho. Retoma a proposta de saque das embarcações que saíssem de Salvador (Bahia) e abandona a ideia de ser o conquistador do Rio de Janeiro e do Brasil. E mantém, com detalhes, a ocupação do litoral africano em Angola.

Finalmente, Napoleão Bonaparte aprova este último projeto e autoriza sua execução. Tudo a contento. Mas, no dia 11 de junho de 1800 (22 Prairial ano VIII), Lacrosse recebe a trágica notícia (para ele) de que a expedição havia sido adiada, sem nova data. Ele comandava uma divisão com navios de oito velas pronta para partir, equipada e aparelhada. O almirante escreve então uma carta lacrimosa ao "Cidadão Cônsul" lamentando sua sorte e pedindo uma nova chance – que não faltaria.

As proposições de Lacrosse para o Brasil e a África não foram adiante, mas ele continuou ativo na Europa. Ao retornar do Caribe em 1802, deparou-se com uma frota inglesa: corajosamente rompeu o cerco num combate cerrado e até capturou uma nau, embora tenha ficado ferido nos combates. Teria sido diferente no Brasil? Napoleão o nomeou chefe de Divisão Naval e, mais adiante, comandante em chefe da Armada francesa e barão do Império. Foi um dos primeiros a ser condecorado com a recém-criada Legião de Honra. Em 1815, com a restauração monárquica e o afastamento definitivo do imperador dos franceses do poder, Lacrosse viu-se exonerado da Marinha. Morreu no ostracismo quatorze anos depois, aos 69 anos, em sua cidade natal.

Capitão Montalan e as riquezas que circulavam pelos mares

"Eu lhe peço receber favoravelmente o Plano de um cruzeiro no litoral do Brasil, que o senhor me autorizou a apresentar."

Dois meses depois da tentativa frustrada do almirante Lacrosse, foi a vez do capitão Antoine-Marie-François Montalan (Lyon, 19 de março de 1767 – Paris, 22 de março de 1818) de propor o *Projet de croisière aux côtes du Brésil par le Cap. de frégate Montalan, commandant de la fgte. La Sémillante*, (Projeto de cruzeiro na costa do Brasil pelo capitão de fragata *La Sémillante*), datado de 20 de agosto de 1800 (2 Frutidor Ano VIII), dirigido ao ministro da Marinha e das Colônias, Marc-Antoine Bourdon de Vatry.

A carta ao "Cidadão Ministro" era direta, e o plano não muito elaborado, embora contundente. Talvez o capitão Montalan estivesse num momento ocioso, "enervado e desencorajado" pela longa estadia em terra firme. Ou então sinceramente preocupado com a "inação funesta" da Marinha francesa diante de sua contraparte inglesa. Ele propunha atacar as embarcações portuguesas na região do Rio de Janeiro e sediar as tropas francesas no Rio da Prata, com a Espanha ainda aliada à França.

Mas Montalan era um guerreiro, no pior ou no melhor sentido. E sua embarcação, *La Sémillante*, já havia participado de muitos combates. Filho de um industrial francês, portanto, de família burguesa, Montalan ingressou, aos 20 anos, na Companhia Francesa das Índias Orientais, onde ficou por cinco anos. Alistou-se então como alferes na Marinha de Guerra, onde entrou de ponta-cabeça nas guerras revolucionárias e napoleônicas.

Nos anos vermelhos de 1792 e 1793, foi tripulante de várias embarcações e, no ano seguinte, recebeu seu primeiro comando, da corveta *La Tourtelle*. Esta embarcação enfrentou a fragata inglesa *Lively* e, derrotada acabou apreendida, o que levou seu capitão à corte marcial, sendo, ao final, absolvido. Comandando o navio *Résolue* (Resoluta), Montalan participou da campanha da Irlanda, em 1796. Em seguida, à frente de uma divisão com duas fragatas e uma corveta, foi até São Domingos (futuro Haiti): era o conhecido circuito revolucionário, colonial e escravista.

Montalan passou a conduzir outra divisão, composta das fragatas *Sémillante*, *Vengeance* e *Cornélie*. Em 9 de abril de 1799, encontraram e batalharam com as embarcações britânicas *HMS St Fiorenzo* e *HMS Amelia*, na altura de *Belle Île* (ilha francesa próxima do litoral inglês). O combate foi inconclusivo, com os navios franceses escapando pelo rio Loire. Os britânicos tiveram três mortos e 35 feridos.

Nesse momento, Montalan elaborou seu plano de ataque ao Brasil. Alegava que as forças portuguesas e inglesas navegavam tranquilas por aquelas águas, encontrando apenas eventualmente alguns corsários franceses isolados. A pretensão era abordar os comboios e navios de cabotagem (curta distância) provenientes do Rio de Janeiro, Santa Catarina e Porto de São Pedro (Porto Alegre). A abordagem se daria na altura de Cabo Frio e do cabo São Tomé (Campos dos Goitacazes, RJ). E incluiria os navios vindos da Europa e da costa da África. Ou seja, englobando também o tráfico de escravos. Visava, em outras palavras, "as Riquezas e as Cargas" desta "imensa Colônia". As presas seriam encaminhadas ao Rio da Prata para serem comercializadas, ou então enviadas à França. A empreitada duraria quinze meses.

A expedição, como ele a apelidava elegantemente, contaria com as fragatas *La Sémillante*, *La Cocarde* e o brigue *La Flèche*, fortemente armados, partindo do porto fluvial de Nantes, conhecido ponto do comércio negreiro. Teria 350 tripulantes por embarcação, totalizando 1.050 homens, que deveriam ser marinheiros experientes habituados a longas viagens. Acompanhava a carta, de cinco páginas, algumas notas sobre ventos e correntes no litoral brasileiro.

Em 1803, Montalan comandava a embarcação *Vertu* (Virtude, não se perca pelo nome), que foi a São Domingos combater uma insurreição de escravizados em Gonaïves. Participou do cerco e da guerra contra os habitantes da ilha, que deixou dezenas de milhares de mortos. Cadáveres espalhados pelos pântanos, montanhas e plantações. Afinal, derrotada a França e declarada a Independência do Haiti, Montalan, prisioneiro, foi levado à Jamaica. Depois, conseguiu retornar à França. Ali, seguiu carreira.

Em 1808 chefiava o navio *Robuste* (Robusto) e no ano seguinte o *Génois*, participando intensamente das guerras napoleônicas. Aposentou-se da Armada em 1814, com a Restauração monárquica dos Bourbon.

"O Ministro não tomou nenhuma decisão para a proposição do C. Montalan", constava uma anotação feita na primeira página de sua carta. Até hoje não tomou.

Tomar o Brasil de assalto

"É no Brasil que proponho atacar o inimigo
irreconciliável da Nação francesa; é nesse lugar longínquo
que me parece útil enviar homens determinados que só
conhecem por direito o que se adquire pelo ferro,
que só têm paixão pelo ouro."

Em março de 1799 (Ventoso, Ano VII), o ministro da Marinha e das Colônias, Charles Joseph Mathieu Lambrechts, informava ao principal membro do Diretório da República Francesa, Paul Barras, que um projeto de ataque ao Brasil estava oficialmente em curso: "[...] uma expedição se prepara em Rochefort com o objetivo de atacar e arruinar os estabelecimentos portugueses nesta parte do Globo".

E mais não foi dito. Em julho, assumiria provisoriamente a pasta da Marinha e das Colônias o príncipe Talleyrand, que tentava a todo custo um acordo diplomático com Portugal. E o assunto se esvaiu pelas veias incandescentes da Revolução.

A recusa governamental não impediu, porém, que um jacobino disposto a tudo apresentasse, em 16 de fevereiro do mesmo ano (28 Pluvioso ano VII), um *Projet de surprise, de dévastation et de Brigandage à exercer sur les Côtes du Brésil par 800 Determinés* (Projeto de surpresa, de devastação e de Bandidagem a se realizar na Costa do Brasil por 800 Determinados). Isso mesmo: ele utilizou o termo *Brigandage*, com letra maiúscula, que significa pilhagem, saque ou roubo. O usa da inicial maiúscula visava dar importância ou legitimidade à palavra.

Tratava-se de Pierre-Vicent Vigneti, morador do Centro de Paris, na casa da rua das Colunas 7, perto do popular Teatro Feydeau, onde se representavam óperas italianas, francesas e comédias, incluindo paródias e fragmentos de peças teatrais. O plano era sedento de riqueza e de glória, pesado e sangrento, quase canibal.

Em vinte e uma páginas manuscritas, o Cidadão Vigneti, como era chamado pelas autoridades, fazia sua explanação, que carecia de síntese, mas abundava em clareza e entusiasmo. Mesmo reconhecendo suas "paixões" e "exaltações", ele buscava expor de forma "detalhada e racional" o que lhe vinha à mente. E que lhe parecia infalível. Inspirava-se no corsário e herói Duguay-Trouin, a quem citava, e lembrava os "estandartes sangrentos levantados", à maneira do hino "A Marselhesa". Estava no clima da época.

O projeto girava em torno de três pontos: considerações políticas e morais, em condições militares e na formação; índole e motivação de seus integrantes.

O objetivo central de Vigneti era atacar indiretamente e enfraquecer o "inimigo inconciliável" da França, a Inglaterra. Para isso, o Brasil seria o alvo. Mais precisamente, Portugal. Ele não visava uma Independência do Brasil, como outros na época, mas sim uma Independência para Portugal, segundo seus argumentos. Isto é, achava que Portugal, oprimido financeira e politicamente pela Grã-Bretanha, teria novas possibilidades diante da França revolucionária, podendo assim livrar-se da tutela inglesa, inclusive em relação ao Brasil. Proposta dúbia, pois sugeria invadir o Brasil para, supostamente, libertar Portugal.

Vigneti destacava que, junto à ação militar, era preciso expandir "um sistema de opinião" e "novas formas de associação" no Brasil. Ora, quem conhece um pouco do processo revolucionário francês sabe que tais mecanismos de opinião e de novas sociabilidades foram o principal meio de expansão das práticas e das ideias. Imprensa periódica, panfletos, papéis avulsos, livros, folhetos, libelos, proclamações impressas, faladas ou manuscritas, falas anônimas transpostas para o papel (e vice-versa) mesclavam-se e interagiam com as mais diversas associações, formalizadas em entidades ou não. Clubes patrióticos, associações por local de moradia ou trabalho, maçonarias, sociedades clandestinas ou públicas, comitês de vigilância etc.

Esses novos ingredientes, reconhecia o autor do plano, poderiam implantar no Brasil "o germe da insurreição" ou até uma "grande revolução", que viesse a derrubar as estruturas políticas vigentes e abalar a escravidão. Embora a abolição do trabalho escravo não estivesse entre suas prioridades, ele não a descartava, referindo-se à "odiosa escravidão". E tinha dificuldade em visualizar uma Independência, fosse por capitanias, regiões ou do país-continente como um todo. Seu negócio, naquele momento, era guerrear. A política que dominava o Brasil era baseada no "fanatismo religioso" e no "mais violento" absolutismo, que, segundo ele, só podia ser combatido com mais violência.

Entre os novos símbolos revolucionários a serem apresentados, Vigneti assinalava o boné vermelho, ou boné firingiano, famoso ornamento revolucionário que adornava cabeças e que se tornou uma das alegorias da República, marca de militância jacobina. Suas tropas deveriam portar essa vestimenta, que poderia ser também azul e branca, como forma de se demarcar e impor.

O propositor não definia local ou cidades de abordagem, deixando isso a critério do governo. Mas afirmava que o Brasil era "o berço da moleza" e "da indolência" de "uma populaça embrutecida". Calculava o efetivo armado em 15 ou 16 mil soldados de linha, e o dobro em milícias civis armadas por civis e proprietários com seus escravos ou agregados. E que estes não teriam força, capacidade ou coragem para resistir por muito tempo a invasores bem determinados e armados. A noção da preguiça dos brasileiros, já afirmada por outros, como o almirante Lacrosse, era uma das bases da esperada vitória militar.

Argumentava ainda Vigneti que as forças navais brasileiras se reduziam a cinco ou seis navios de guerra, que não tinham como controlar o imenso litoral – que, por sua vez, era facilmente acessível aos navios invasores, apresentando poucas dificuldades geográficas. Em caso extremo, aponta, as forças francesas poderiam se refugiar provisoriamente na Guiana ou mesmo numa das ilhas atlânticas situadas entre Brasil e África.

A pergunta que ele colocava era: até que ponto Portugal ficaria desguarnecido militarmente para salvar sua colônia? Até que ponto a Inglaterra enviaria auxílios, podendo assim se enfraquecer na Europa? Esse era o dilema que dividia a Corte portuguesa na época, cuja solução, sabemos hoje, foi a ida para o Brasil, nove anos depois. Mas essa decisão ainda não estava tomada, e a proposta era aceitar o desafio, pagar para ver. Ou até propunha atacar simultaneamente os litorais do Brasil e de Portugal, para dificultar a reação da metrópole lusa.

Quanto à sua própria tropa, Vigneti afirmava que deveria ser composta por "bandidos" (*brigands*) ou "Aventureiros Exterminadores" (com maiúscula), dando exemplo "de uma ferocidade e de uma avidez inconcebíveis". Deste modo, se espalhariam "terror e espanto", citando "todos os horrores e massacres que pretendo cometer no Brasil". Ou seja, "mãos sanguinárias sobre manadas de escravos", inclusive, "degolando alguns animais" em combate. O proponente alegava que os Conquistadores tinham agido de forma semelhante ao chegarem à América, como Cortés ou Pizarro. Em suma, ele dizia pretender no Brasil, com os portugueses, o mesmo que os espanhóis tinham feito com os indígenas do Novo Mundo, garantindo tratar-se de uma "vingança legítima". Comparava-se, enfim, ao "Tigre que saía inflamado de seu antro". E pedia carta branca para fazer o alistamento de seus homens. Admitia que correria perigos e poderia falecer na campanha, mas, se assim fosse, seria pela glória da pátria.

Vigneti sabia que tal postura, digamos, genocida, poderia lhe trazer inconvenientes e impopularidade na França das Luzes. Ele pretendia repetir a atitude de um Carrier de Nantes, agente do governo que, sete anos antes, cometera massacres ferozes em nome da causa revolucionária, com os famosos afogamentos em massa, para derrotar os contrarrevolucionários na *Vendée*. Tudo detalhadamente planejado, não arroubo de violência.

Os recursos solicitados eram uma fragata e uma corveta devidamente equipadas e armadas, além do armamento para um navio obtido por ele.

Pierre-Vicent Vigneti tinha ao mesmo tempo um perfil nítido e nebuloso. Era um militante jacobino parisiense, *Enragé*, tão característico da Revolução Francesa, seja pelo comportamento como pelo ideário – e com endereço conhecido. Escrevera, em 1798, um *Catéchisme des droits et devoirs de l'homme et du citoyen, d'après la Constitution, à l'usage des écoles primaires* (Catecismo dos direitos e deveres do homem e do cidadão, segundo a Constituição, para uso das escolas primárias).

Tinha também um lado sombrio, uma espécie de semianonimato no turbilhão revolucionário. Afirmava que nos últimos dez anos (isto é, desde a Queda da Bastilha, em 1789) tinha andado "vagando por diversos lugares", com experiência em combates e em navegação (servira em três embarcações, mas não informou quais), além de possuir uma "energia e determinação dadas pela Natureza". Deveria ser robusto e provavelmente infringiu as leis em algum momento.

Vigneti entregara o projeto diretamente a Barras (que exercia papel semelhante ao de um presidente da República durante o Diretório), através de um bilhete manuscrito, no qual afirmava seu "ódio aos ingleses" e admitia que poderia causar "uma certa perplexidade" pela violência do conteúdo. Este, encaminhou com uma anotação do próprio punho para um parecer do ministro da Marinha e das Colônias. O ministro, entre aflito e horrorizado, deu avaliação contrária. Chamou atenção para o fato de o proponente usar o termo *brigand* (bandido), propor degolas e, no geral, usar de brutalidade extrema. Assinalou ainda que Vigneti era um tipo patriota, que faria qualquer coisa acreditando que seria para o bem da pátria. E arrematava: "um delírio".

Vigneti, no fundo, tinha traços psicóticos ou antissociais. Não que isso fosse impedimento para se obter sucesso. Ele apresentou sua proposta em fevereiro de 1799, talvez intuindo que o momento pedia um herói guerreiro e salvador. Nove meses depois, ocorreria o golpe de 18 Brumário, que levou Napoleão Bonaparte ao poder, derrubando Barras e outros obstáculos.

O almirante Willaumez queria atacar Pernambuco (e foi bem recebido na Bahia)

"Penso, Cidadão Ministro, que este plano de Campanha, executado com Sabedoria e Segredo, pode acrescentar à glória do seu Ministério servindo essencialmente os estabelecimentos [coloniais] da república às custas de seus inimigos."

O todo-poderoso almirante Jean-Baptiste Philibert Willaumez (1763-1845) também quis invadir o Brasil, em 1800. Veterano da Guerra de Independência Americana, da Revolução Francesa e da Revolução do Haiti, este comandante de esquadra não poderia imaginar que, seis anos depois, estaria desembarcando tranquilamente em Salvador, Bahia, fazendo escolta do príncipe Jerôme Bonaparte, irmão de Napoleão, forçado a parar ali para reabastecer e reparar estragos nos navios. Foram bem recebidos pelas autoridades coloniais portuguesas. O mundo dá voltas.

Na verdade, Willaumez propunha um périplo por todo o Oceano Atlântico, das águas geladas do Norte aos mares tropicais da América do Sul, retornando pela África para combater o tráfico negreiro. Atacaria as embarcações inimigas que encontrasse, saqueando-as. E desceria em terra para ataques pontuais em lugares estrategicamente escolhidos – um dos quais, Pernambuco.

"*Projet de croisière du chef de Division Ph. Willaumez*" (Projeto de cruzeiro do Chefe de Divisão Ph. Willaumez", datado de 7 de agosto de 1800 (19 Termidor Ano VIII), que traçava o seguinte roteiro: partida de Rochefort, ilhas Canárias, Senegal, arquipélago de Cabo Verde, ilha

93

de Trindade, Brasil ou ilha de Santa Helena. O plano era endereçado ao ministro da Marinha e das Colônias, Denis Decrès, que assumira o cargo cinco dias antes. Napoleão Bonaparte fora nomeado Primeiro Cônsul da França, em 24 de março do mesmo ano.

Um dos objetivos da campanha era apreender todos os navios mercantes portugueses que encontrasse pelo caminho e enviar à Guiana Francesa o material assim obtido – fossem os navios ou suas mercadorias. Ou seja, uma *guerre de course* (guerra de corrida). Uma nota curiosa: ele visava especialmente as mulas que estivessem a bordo das naus lusitanas, prevendo que, em Caiena, esses animais poderiam substituir os homens negros nos serviços de transporte.

As presas em geral seriam distribuídas também entre outras colônias francesas, como as Ilhas Reunião e as Ilhas Maurícias – beneficiando os estabelecimentos franceses às custas de seus inimigos. Anote-se que nessa época a escravidão não fora, ainda, oficialmente restaurada.

A ilha de Trindade, onde Willaumez pretendia parar a fim de reabastecer e descansar, fica entre os litorais africano e brasileiro, a 1.140 quilômetros do porto de Vitória (Espírito Santo), e pertence ao território brasileiro. É uma formação vulcânica, encontrada pelo navegador português João da Nova, em 1501, e que ao longo dos séculos serviu de pouso a embarcações militares, comerciais e científicas de vários países, sobretudo a Inglaterra. De lá, a ideia era seguir para o Brasil, juntando-se a outra frota que sairia da França, ou então ir até Santa Helena, outra ilha oceânica, pertencente aos ingleses (e onde Napoleão ficaria exilado de 1815 até sua morte).

Tudo deveria ser feito "com Sabedoria e Segredo", segundo Willaumez, que não dava mais detalhes em seu projeto escrito. Talvez preferisse falar de viva voz. Em outra carta de quatro páginas manuscritas, dirigida ao "Cidadão Bourdon" (Marc-Antoine Bourdon de Vatry), ministro da Marinha e das Colônias, entretanto, ele deixa escapar: tratava-se de abordar o Brasil na altura de Pernambuco, entre os dias 20 e 25 Brumário. Tudo devidamente calculado.

A campanha se realizaria em seis etapas: socorrer a Ilha de Malta; cruzar por cima das Órcadas (norte da Escócia); ir até Terra Nova (Canadá); estabelecimentos portugueses em Goa (Índia); costa da

América do Sul até as Ilhas Malvinas, retornando pelo litoral da África, quando atacaria os entrepostos e o comércio de escravos portugueses até São Tomé e Príncipe. Diga-se de passagem que a ilha de Príncipe foi ocupada várias vezes pelos franceses no período.

A esquadra a ser comandada pelo almirante Willaumez seria composta das fragatas *La Dione* e *La Vallal*, e uma boa corveta, saindo de Brest. Contaria ainda com duzentos homens bem treinados no fuzil e comandados por um capitão de artilharia. De qualquer modo, nesse caso, o almirante ficou a ver navios.

Pernambuco já fora alvo da proposta do capitão Polony, bem como dos empresários e militares Cerf-Berr, que pretendiam atacar a capitania no mesmo ano que o almirante Willaumez.

Um Bonaparte na Bahia

Uma esquadra francesa napoleônica chega ao porto de São Salvador, Bahia, a 1 de abril de 1806. Era composta pelas embarcações *Foudroyant, Le Cassard, Impétueux, Melampus, Le Patriote, La Valeureuse* e *Le Vétéran*. Não se percam pelos nomes. Comandante-geral, almirante Willaumez. Como capitão do *Le Vétéran*, Jerôme Bonaparte (1784-1860), príncipe e irmão mais novo de Napoleão. Depois de passar pelos mares do Caribe e enfrentar navios ingleses, a frota precisava de reparos e repouso. O pavilhão tricolor (vermelho, azul e branco) da Revolução Francesa agitava as águas do Recôncavo baiano. Diplomaticamente, foi bem recebida pelos portugueses. A essa altura, Napoleão e o príncipe Regente, João, trocavam intensa correspondência (um tentando enganar o outro). Pouco mais de um ano depois, a corda se romperia, e o imperador dos franceses invadiria Portugal.

A estadia dos franceses em terras baianas durou vinte dias. Os conspiradores que acolheram o capitão Larcher na cidade, nove anos antes, parecem não ter se manifestado. O governador e capitão-general, João de Saldanha da Gama Melo Torres Guedes Brito, conde da Ponte, se esmerou em acolher os visitantes. O príncipe Jerôme ganhou uma espada de presente do coronel Felisberto Caldeira Brant-Pontes, marquês de Barbacena. Mas nem tudo eram flores. Houve uma deserção em massa dos navios franceses, e 111 homens fugiram, alegando escapar da tirania bonapartista. O almirante Willaumez teve que improvisar, nomeando novos marujos e oficiais para os postos das embarcações.

Bem impressionado pela recepção, o príncipe Jerôme escreveu a seu irmão assinalando como fora bem tratado pelos representantes "da nação amiga". Este, no mesmo ano, planejava atacar o Brasil, como se verá adiante.

■ Na caricatura da época, Inglaterra e Napoleão repartiam o mundo numa refeição.

■ Mapa francês do Brasil no século XVI: florestas, indígenas e pau-brasil.

■ Mapa das Américas em 1635.

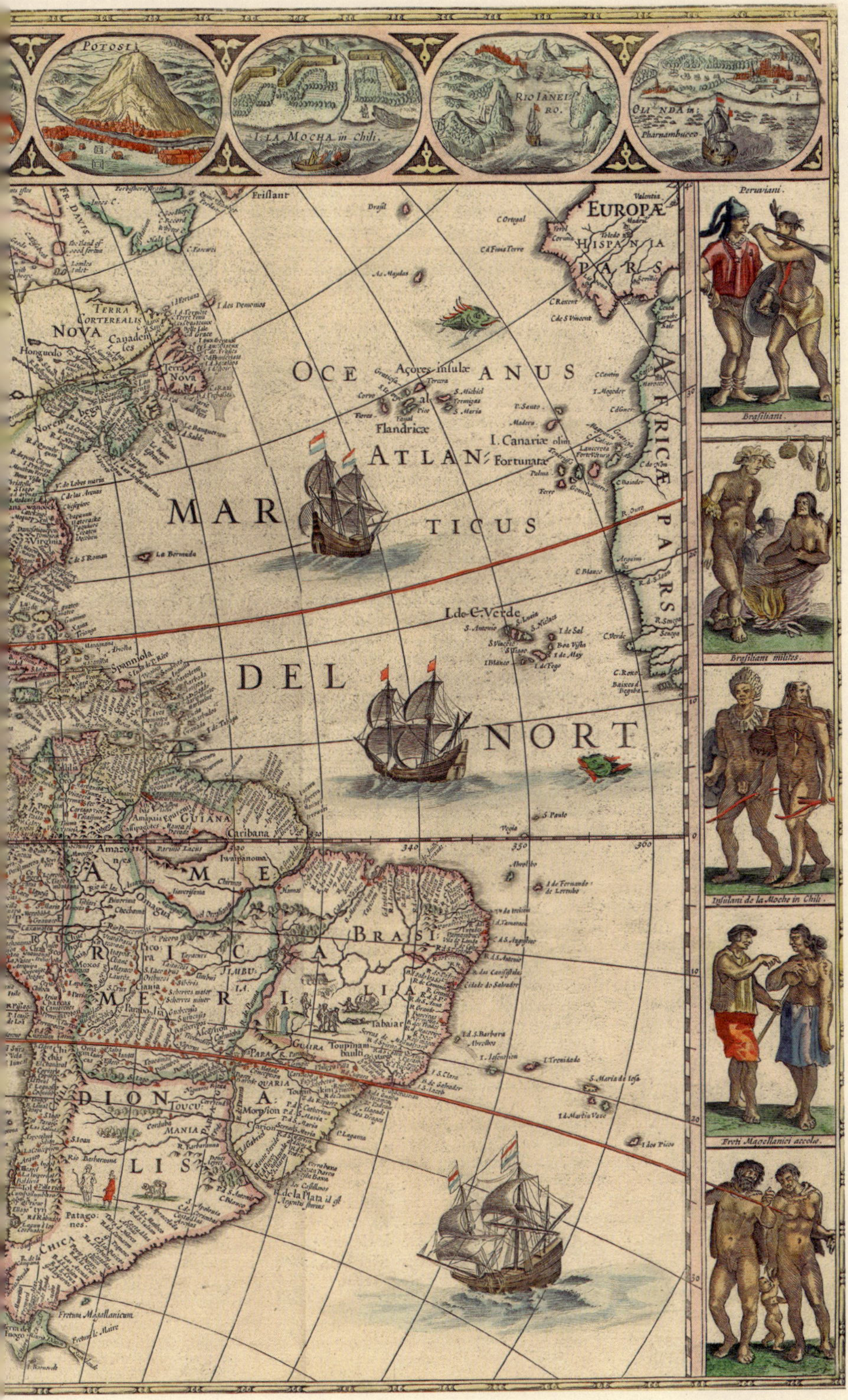

Potosi

Isla Mocha in Chili

Rio Ianeiro

Olinda in Pharnambucco

Peruviani

Brasiliani

Brasiliani milites

Insulani de la Moche in Chili

Freti Magellanici accolæ

EUROPÆ
HISPANIA
PARS

AFRICÆ PARS

OCEANUS

ATLAN/TICUS

MAR

DEL

NORT

Açores insulæ

Flandricæ

I. Canariæ olim
Fortunatæ

I. de C. Verde

TERRA
CORTEREALIS
NOVA
Canada
Terra
Nova

AMERICA MERIDIONALIS

GUIANA
Caribana
Amazones

BRASILIA

Patagones

Fretum Magellanicum
Fretum le Mair

■ Tupinambás com manto, papagaio e produtos da terra do Brasil.

■ Duguay-Trouin, conquistador triunfante do Rio de Janeiro em 1711.

■ Capitão Claude-Vincent Polony.

Gazette Drouot via Wiki Commons

■ Almirante
Jean-Baptiste
Lacrosse.

La Marmite Epuratoire des jacobins 1798.

■ Revolucionários jacobinos franceses representados como canibais.

British Museum, Public domain, via Wikimedia Commons

■ Jacobino parisiense durante a Revolução Francesa, com ar feroz e Boné Firingiano.

■ Almirante Willaumez quis atacar o Brasil.

■ Príncipe Jerôme Bonaparte, irmão caçula de Napoleão.

Album / Easy Mediabank

■ Almirante Fleurieu.

Metropolitan Museum of Art, CC0, via Wikimedia Commons

■ Toussaint Louverture, escravizado
que se tornou general e liderou a
Revolução Haitiana.

■ Denis Decrès, ministro da Marinha e das Colônias.

Charles Williams. Boney Forsaken by his Guardian Genius, 1814. The Art Institute of Chicago.

■ Bonaparte satanizado por seus adversários.

■ Duque e duquesa de Abrantes.

■ Príncipe Murat via com bons olhos a invasão do Rio Grande do Sul.

BUONAPART ALATESTEDES ARMEE SACOMPAGNE DE SES OFFICIERS GENERAUX ET DE SES

AORLEANS CEEZ LETOUMI

■ General Bonaparte e sua Grande Armada, em gravura da época.

HOMMAGE RENDU A BONAPARTE.

Par la Victoire la Paix l'Abondance la Liberté des Mers et le Commerce.

A Paris chez Basset M.d d'Estampes et Fabricant de Papiers Peints Rue S.t Jacques N.o 670.

■ Alegoria: "Homenagem a Bonaparte pela Vitória, Paz, Abundância, Liberdade dos Mares e Comércio".

Cabo Frio, Rio de Janeiro e Minas Gerais: abolição da escravatura

"E os pobres Negros Escravos infelizes que estarão em breve de nosso lado, suspirando o amor da liberdade; nós encontraremos entre eles amigos e não inimigos."

Um projeto de invasão do Brasil que propunha a abolição da escravatura em 1799 estava sobre a mesa do líder do Diretório da República Francesa, Paul Barras. Embora ainda hoje a assinatura não tenha sido identificada, estava redigido em cinco páginas de uma caligrafia elegante, e chamou atenção da autoridade máxima da França, que anotou do próprio punho: "Enviar ao ministro da Marinha e das Colônias, e só a ele". Pedia, portanto, cuidado. Estava aberto à possibilidade.

"E os pobres Negros Escravos infelizes que estarão em breve de nosso lado, suspirando o amor da liberdade; nós encontraremos entre eles amigos e não inimigos."

O proponente acreditava ainda no apoio dos índios do Brasil, que "suspiram todos os dias por reaver sua liberdade".

Escravizados africanos ou indígenas "suspirando" pela liberdade era expressão típica do iluminismo antiescravista e do abolicionismo de fim do século XVIII: ela está presente em vários autores, e expressa uma sensibilidade da época.

O plano era conciso e bem-apresentado. Barras encaminhou-o em 16 de fevereiro de 1799 (28 Pluvioso Ano VII). Intitulava-se *Moyens Por Détruire Le Commerce des Anglais et de S'emparer de Rio de Janeiro*

Gruauté de F. Cortez.

■ Negros e indígenas escravizados pelos europeus, na visão do Iluminismo francês.

(Meios para destruir o comércio dos ingleses e se apossar do Rio de Janeiro). E inspirava-se, também, no corsário Duguay-Trouin.

Atacar o Brasil era um modo de atingir a Inglaterra. O autor lembrava que esse país fazia um "Grande Comércio" com "a Grande quantidade de Negros que se tira para a agricultura" nos entrepostos ao Sul de Gorée (Senegal), onde os franceses não costumavam navegar, deixando área livre para ingleses e portugueses. Após descrever o movimento dos navios comerciais britânicos (que ele calculava de 80 a 100 por ano) e os ventos e marés da região, ele informava que, para protegê-los, a Inglaterra enviava apenas três fragatas e um brigue, dirigidos por um Comodoro sobre um navio de 64 obuses de 36 libras – que se dispersavam por toda a costa ocidental africana. Os portos locais estavam guarnecidos somente por tropas de nativos ou soldados europeus isolados, muitos enviados à força ou como punição para lá. Isso facilitaria a intervenção francesa. As embarcações negociavam as mercadorias entre as costas da Guiné e do Ouro (Golfo da Guiné). De fato, a Inglaterra só passaria a combater o tráfico de escravos em 1807.

Pelo tipo de linguagem, conteúdo e estilo, o texto parece ser de autoria de um militar de carreira da Marinha, que conhecia geografia, cartografia e armamentos.

Para prejudicar o comércio de Londres, continuando, o autor propunha confiscar toda mercadoria usada, sobretudo tecidos e seus derivados, como moeda de troca com os chefes africanos, para alimentar o tráfico de escravos.

Uma tal expedição necessitaria de três embarcações de guerra, três fragatas e duas corvetas, devidamente armadas e equipadas. A tropa constaria, ainda, de 1.200 soldados (para desembarque e ocupação dos entrepostos portugueses e britânicos), dois canhões de campanha e um número expressivo de homens habituados a manejar armas.

A ideia era que, ao mesmo tempo, outros navios de guerra sairiam de portos franceses, atacariam a fraca esquadra portuguesa sediada em Cabo Verde e se reuniriam, em seguida, às embarcações da França, que já teriam ocupado o litoral africano. De lá, abastecidas e descansadas, partiriam juntas para o Rio de Janeiro.

O objetivo primeiro era capturar o máximo de ouro que pudessem – riquezas que vinham das Minas Gerais. Depois, decidiriam se ficariam definitivamente (ou não) nas terras brasílicas. Aí, segundo o autor, os franceses se aliariam facilmente aos índios e aos negros escravizados, como já foi dito. Quanto aos homens ricos do país, "eram todos covardes" e não gostariam de combater. Seria fácil e simples. Ou talvez nem tanto.

Enxergar o Brasil do raiar do século XIX composto de uma multidão de negros e índios escravizados, dominados por uma pequena elite rica e covarde, era no mínimo simplista. Havia uma sociedade injusta e opressora, mas, exatamente por isso, complexa. Um terço da população era caracterizada por pardos livres, não se enquadrando num esquema binário. Hierarquias sociais e grupos diversos se entrelaçavam. O proponente parecia estar equivocado em sua análise da sociedade, mas não se dava conta disso.

Havia também o empecilho das fortalezas. Desde o ataque de Duguay-Trouin, oito décadas antes, os portugueses ampliaram sua defesa militar na região, reforçando ou criando novas fortificações. Como fugir ao obstáculo?

A solução seria desembarcar em Cabo Frio e seguir em marcha até a capital, uma distância de 150 quilômetros. Em Cabo Frio, assinala o autor do projeto, não havia fortificações importantes, e eles aportariam numa larga baía onde existia um povoado indígena chamado Paraibo, que não ofereceria dificuldade. Havia dois aldeamentos de índios na região, na ponta dos Búzios e em São Pedro de Aldeia. O francês podia estar se referindo a um ou outro. Ele não cita o Forte de São Mateus, na atual praia do Forte, que, no entanto, não apresentava risco aos invasores, por sua precária estrutura. Em seguida, o proponente fornece informações detalhadas sobre ventos, correntes marítimas e profundidade das águas.

O passo seguinte seria tomar de assalto a Fortaleza de São Fernando e, de lá, obter o domínio das demais fortificações, por sua posição privilegiada. Ocorre que não havia nenhum forte com esse nome na região. O autor se equivocou ou colheu informações erradas. A proposta, ao mesmo tempo em que se atacaria a capital, era ir até Vila Rica (atual Ouro Preto, Minas Gerais), com as tropas francesas ocupando a cidade sede da mineração brasileira. Suas fortificações e tropas de infantaria eram fracas, segundo a proposta, e eles não encontrariam resistência vinda do interior para ocupar a povoação que concentrava as maiores riquezas do país.

Uma parte das tropas invadiria o Rio de Janeiro entrando de surpresa por mar, na altura do Mosteiro de São Bento, e marchando poucos metros até o palácio do vice-rei (atual Praça XV), guardado apenas por 40 homens. De lá, ocupariam também a Casa da Moeda (campo de Santana) e o aqueduto (Arcos da Lapa), dominando assim os pontos estratégicos da cidade. O autor omite, também, que em frente ao mosteiro existe a fortaleza da Ilha das Cobras.

Segundo o projeto, havia na localidade irlandeses (protestantes) e judeus, ambos mal vistos pela intolerância católica dos portugueses, e que "suplicam aos Céus por sacudir a dominação do tirano", transformando-se em potenciais aliados da França. Assim, argumenta, esses setores poderiam retomar seus direitos, que "são os de todos os homens". Anote-se que o autor do projeto estava alinhado, a seu modo, com o que havia de mais avançado no pensamento revolucionário francês. À maneira do abade Henri Grégoire (clérigo revolucionário e abolicionista), defendia os direitos dos judeus, negros, indígenas e a liberdade religiosa – em contraste com o iluminismo de Portugal, por exemplo, nitidamente mais autoritário e conservador.

O projeto estimava em 1.500 homens as tropas regulares sediadas no Rio (inclusive ativos e inválidos), mais os efetivos da milícia Real, composta de "maus lavradores" que "fugiriam ao primeiro tiro de canhão". Encontrava-se no porto do Rio de Janeiro "uma prodigiosa quantidade de navios mercantes" e "poucas embarcações de guerra". Lembrava ainda que a cidade estava cercada por uma muralha ou fosso na parte norte, cuja porta "é semelhante à de um jardim".

"Eis aí a verdadeira maneira para se apossar do Rio de Janeiro, sem temor de perder muita gente: desembarcar por volta da meia-noite, entrar na cidade e nos fortes às 3 horas da manhã e tudo dará certo!"

Entretanto, o autor do projeto tinha um temor. Desconfiava dos habitantes do Rio de Janeiro, sobretudo nas horas de prece e cerimônias católicas, "momento mais perigoso entre um povo fanatizado", quando poderiam ocorrer reações imprevistas. Sem esquecer de libertar os prisioneiros "que estão nas masmorras da Santa Inquisição", por "terem declarado sua maneira de pensar a liberdade".

"Com prudência e coragem, nós teremos sucesso! Os ingleses, como os Déspotas Portugueses, sofrerão a vergonha de ver roubar seu país, o mais rico do universo!"

O autor, abolicionista e revolucionário, não pensava em Independência do Brasil, mas em mudança de metrópole, sob nova organização social.

Não se conhece reposta a este plano.

Recife, Salvador e Rio de Janeiro: capitalistas e militares pressionam Bonaparte

"E se, enfim, o governo quiser guardar estas praças para garantir a conquista do Brasil inteiro e a posse do comércio mais rico do universo, ou para fazer um objeto de compensação vantajosa num acordo de paz, e nesse caso não seria impossível se manter lá até este momento."

Dos projetos de invasão no período napoleônico, este foi o mais bem articulado. Com sólido apoio político, militar e financeiro, tratava-se de invadir Pernambuco, Bahia e Rio de Janeiro, ou seja, "conquistar todo o Brasil", em 1801. E com adesão e suporte dos ricos empresários Cerf-Berr (líderes da comunidade judaica na França), comando bélico do general Jean-Baptiste Jacques Stanislas Combis d'Augustine, veterano da Marinha do Antigo Regime, secundado pelo comandante Alexandre Degrasse, importante líder maçônico. Coalisão de peso.

O dossiê tem um total de 32 páginas manuscritas, entre pareceres, comprovantes e detalhamento das atividades, além da aprovação formal de personalidades influentes. Tudo dirigido ao jovem Primeiro Cônsul, Napoleão Bonaparte, com argumentos para convencê-lo. Partia de um grupo de pressão que envolvia muito dinheiro, saindo e entrando. Exigia segredo. Demandava poder. Napoleão leu atentamente e fez anotações do próprio punho.

O ministro da Marinha e das Colônias, Pierre-Alexandre-Laurent Forfait (que apoiava o plano), afirmava, inclusive, que a iniciativa poderia ser aproveitada no âmbito da expedição que se preparava contra São Domingos (Haiti), reeditando, assim, a bem-sucedida saga de Duguay-Trouin sob o reino de Luís XIV, em 1711. A assinatura era datada de 16 Messidor Ano 8 (5 de julho de 1800).

Para melhor entender o que estava em jogo é importante desvendar os principais personagens da trama, conhecer seus perfis. E perceber como eles se conjugaram para propor o desafio.

A família Cerf-Berr teve um papel importante na França em meados dos séculos XVIII e XIX. Eles descendiam de banqueiros e financistas que vinham da Holanda do príncipe de Nassau.

O patriarca, Cerf-Berr ou Naftali Hertz ben Dov Berr (1726-1793), nascido em Medelsheim, na Alemanha, e estabelecido na Alsácia, tinha a função de preposto-geral da comunidade judaica na França e desempenhou atuação decisiva na conquista de direitos civis dos judeus (como residir em cidades e não ter que pagar pedágio de presença urbana) no fim do Antigo Regime e começo da Revolução. Mercador de cavalos e fornecedor das Forças Armadas durante a Guerra de Sete Anos (1756-1763), ele conseguiu às duras penas a nacionalidade francesa. Tornou-se amigo próximo de Mirabeau, orador brilhante e um dos mais influentes líderes da Revolução Francesa. Entre os muitos filhos de Cerf-Berr estavam o militar e empresário Marx Cerf-Berr (1758-1817); o viajante, explorador e escritor Samson Cerf-Berr de Medelsheim ou Ibrahim Manzour Efendi (1777-1826); Baruch Cerf-Berr (1762-1824) e Theodore Cerf-Berr (1766-1832), lideranças parlamentares e políticas. Havia também Berr Marx Cerf-Berr (1780-1824), filho de Marx Cerf-Berr, que viria a fundar uma colônia na Guiana Francesa. Todos, de uma maneira ou outra, lucraram como fornecedores das Forças Armadas durante a Revolução e o Primeiro Império. Ou seja, tinham experiência no trato com negócios tanto públicos quanto privados e suas respectivas parcerias.

Marx Cerf-Berr pertencia à Guarda Nacional, à Companhia de Caçadores do Rei e era voluntário da Marinha revolucionária, chegando ao cargo de Diretor de Compras, o que incluía armamentos, fardas, remédios, materiais hospitalares e alimentos. Quando Napoleão chega ao poder, recusa-se a pagar dívidas anteriores dos fornecedores, alegando que havia desvio, superfaturamento e roubo, o que gerou uma longa e interminável disputa administrativa e jurídica. Bonaparte dizia dos Cerf-Berr que "são árabes", o que na linguagem da época significava credores duros, que cobravam as dívidas com excessivo rigor.

O general Combis (1753-1808) era outro ator dessa teia. Militar de carreira e atuante, serviu sob os reinados de Luís XV e XVI, sob a Revolução e o Primeiro Império. Na Marinha e no Exército. Era nobre, com o título de marquês de Combis. De trajetória intensa, era típico representante do Antigo Regime aristocrático. Comandou inúmeros navios e ocupou relevantes cargos administrativos, até ser expulso das Forças Armadas pelo governo jacobino em 1793, justamente por sua condição de aristocrata e marechal de campo. Foi reaproveitado por Bonaparte, quando voltou à ativa.

Outro personagem que deveria participar da presumida expedição ao Brasil era Alexandre François Auguste Briançon, conde de Grasse, marquês de Tilly (1765-1845), importante líder e pioneiro da maçonaria, além de oficial da Marinha. Filho do almirante Degrasse, herói da Guerra de Independência dos Estados Unidos (e que tivera o projeto de bombardear a Bahia no século XVIII), iniciou-se na maçonaria aos 18 anos na loja São João da Escóssia do Contrato Social. Em 1789, muda-se para a colônia de São Domingos a fim de administrar uma plantação que herdara de seu pai. Com a Revolução dos escravizados que toma conta da ilha dois anos depois, foge para os Estados Unidos, onde desenvolve intensa atividade maçônica. Chega ao cargo de Grande Inspetor-Geral e Grande Comendador das Antilhas Francesas, em 1802. Em Paris, funda o Supremo Conselho para o 33º Grau na França.

E, por fim, mas não menos importante, temos o almirante Charles-Pierre Claret de Fleurieu (1738-1810), que Napoleão convoca para dar parecer sobre o projeto de invasão ao Brasil. Eminência parda da Marinha, ocupou várias vezes o cargo de ministro como interino e era homem de confiança a quem o imperador recorria para questões especiais. Era militar e intelectual do Antigo Regime, que serviu desde o reino de Luís XV.

Navegador, explorador, hidrógrafo, astrônomo e erudito, autor e organizador de vários livros, membro do Instituto da França, Fleurieu foi ministro da Marinha e das Colônias de Luís XVI. Esteve preso durante o governo jacobino da Revolução Francesa. Bonaparte o fez conde do Império, além de dar-lhe vários cargos de confiança, entre os quais Conselheiro de Estado e governador do Palácio do Louvre.

Entre os papéis que Fleurieu possuía, havia uma "Descrição da costa da Guiana portuguesa e dos rios que lá se encontram desde Macapá até o Oiapoque" e também a "Instrução náutica para chegar ao Rio da Prata", passando pelo Rio de Janeiro, redigida pelo próprio Fleurieu. O Brasil estava no foco.

O Plano de Campanha

Apresentava-se um Plano de Campanha que devia ser combinado com todo cuidado e secretamente, segundo o ministro da Marinha e das Colônias escrevia a Bonaparte.

O primeiro documento era assinado pelos "Cidadãos" Marx Cerf Berr pai, Samson Cerf-Berr, Berr Marx Cerf-Berr, filhos, e Victor David e Companhia. Afirmavam querer investir "fundos consideráveis" na conquista do Brasil, desde que o governo entrasse com os navios e as tropas. Os gastos e lucros seriam repartidos. O sucesso da expedição, diziam, poderia "estimular outros capitalistas a tentarem a mesma sorte". Tudo "pelo esplendor e glória do pavilhão francês".

Os Cerf-Berr tinham sua lógica. Como diria outro Marx (Karl), meio século depois, Napoleão criaria na França as condições para o desenvolvimento do livre comércio e da industrialização, varrendo também, além das fronteiras, o que restava do feudalismo, que havia sido destruído pelos líderes da Revolução Francesa. Aquele era o momento inicial dessa ampla empreitada. Eles estavam no olho do furacão.

Os proponentes, além de empresários (Armadores), queriam ser incorporados à Marinha para a expedição (e, em caso de sucesso, permaneceriam nos cargos): Marx pai e filho, comandantes de Esquadra e comissários; Samson adjunto-geral e David, chefe de brigue. Indicam os nomes do general Combis e do comandante Degrasse como chefe e subchefe da empreitada, confiando àquele o detalhamento militar.

A frota seria composta de 11 embarcações de guerra com 560 canhões:

1 navio de 80 canhões
5 navios de 74 canhões
1 fragata de 24 canhões
3 fragatas de 18 canhões
1 fragata de 12 canhões
1 corveta de 20 canhões

Em cada embarcação, o general Combis e o ministro da Marinha e das Colônias escolheriam o capitão e o respectivo Estado Maior, enquanto a tripulação seria escolhida pelo general e pelos empresários. A reivindicação era que todos os alistados permanecessem na Marinha, em caso de sucesso da expedição. Esta demarcação – que aparece mais de uma vez no plano –, de escolher comando e tripulação dos navios, parece ter três motivos. Da parte de Combis, reintegrar à Marinha elementos do Antigo Regime que tinham sido expulsos ou afastados; da parte dos Armadores, convocar livremente corsários (prática habitual); e, sobretudo, integrar membros da comunidade judaica, que ainda enfrentavam dificuldades e preconceitos.

A incorporação em massa de membros do Antigo Regime era um risco que Bonaparte corria, de fortalecer uma possível contrarrevolução. Para montar as equipes, o plano propunha que o governo levantasse a soma necessária, e os empresários arcariam com as dívidas.

Cada barco teria um homem para registro (contabilidade), não só do fluxo para despesas, como das mercadorias e presas que coubessem a cada um. Além da tripulação de cada navio, o governo do Consulado deveria colocar à disposição do grupo duzentos Dragões de cavalaria, com selas, armas e cavalos; e duzentos granadeiros, com todos os equipamentos para os ataques que se sucederiam à invasão.

A campanha deveria ter nove meses de duração. Os víveres (alimentos e medicamentos) entrariam no empréstimo feito pelo governo e seriam cobertos pelos empresários, no início e ao longo da campanha, em dinheiro vivo ou em mercadorias apreendidas. O valor dos soldos seria o mesmo em vigor nas Forças Armadas. Oficiais, marinheiros, marujos e soldados receberiam do governo o pagamento até o dia em que o general Combis assumisse o comando da Divisão. A partir daí, as despesas ficariam por conta dos Armadores, que reembolsariam ao governo os gastos anteriores. Tudo devidamente amarrado, num contato comercial repleto de cláusulas e condições.

Quanto à parte dos lucros (mercadorias ou embarcações apreendidas), o governo teria direito a um quinto. Propunha, assim, retomar os termos do acordo de Luís XIV com Duguay-Trouin, adaptado às circunstâncias e com algumas modificações. Tudo na mais perfeita sintonia empresarial e militar. O objetivo era: "[...] levar a Armada francesa ao Brasil e devastar a mais rica colônia dos portugueses".

Rio de Janeiro, São Salvador e Pernambuco eram as capitais escolhidas, pois "são os grandes depósitos do comércio", com benefícios avaliados em mais de 60 milhões de francos por ano. Sem esquecer a "torrente de ouro", que "só faz passar pela mão de Portugal e vai para os cofres da Inglaterra". Num espaço de sessenta anos a Grã-Bretanha tirou do Brasil 2,4 bilhões de libras esterlinas, enquanto Portugal está arruinado por dívidas, argumentavam. Expedição ao Brasil, portanto, atingiria seriamente o comércio britânico. É de se imaginar 560 canhões apontados para uma das cidades escolhidas, que eram, diga-se de passagem, os três principais portos exportadores do país.

Neste projeto não se tratava de Independência do Brasil, ou de Abolição, apenas de saquear e mudar a metrópole da colônia, numa transação comercial e militar.

Em seguida, são listadas no plano as características e as facilidades de cada local. Pernambuco, onde os navios não podem acostar (pela ausência de porto), é defendida apenas por dois pequenos fortes, situados na extremidade da cidade (Cinco Pontas e Brum). Estes não cobrem toda a área urbana. E a defenderiam mal diante de uma artilharia desembarcando em barcos a remo e protegida pelo fogo dos navios, que em seguida aportariam em um lugar conveniente e próximo; só exige homens armados e navios para transportá-los.

Já Salvador se situa sobre uma montanha escarpada e, por terra, é cercada de um grande lago que poderia ter se tornado inacessível. É mais protegida, assim, pela posição territorial do que pelos seus meios de defesa. Quanto à baía de Todos os Santos, ofereceria entrada segura aos navios da expedição fora do alcance das fortalezas. Tal opção exigiria um bloqueio mais demorado e investidas corajosas – e era a preferida dos empresários para iniciar o ataque.

"A cidade de São Sebastião, no rio de Janeiro (sic), é protegida pelas fortalezas na entrada desse rio (sic), será sempre alvo daquele que tiver *bastante audácia* [como Duguay-Trouin, lembravam] para conquistá-la." Bastava uma expedição marítima com navios possantes que forçassem a entrada da baía.

Em síntese, a esquadra não poderia ficar muito tempo em Pernambuco por possíveis represálias posteriores; nem em Salvador, para não ter que enfrentar forças navais superiores, mas, se conseguissem se apossar do Rio de Janeiro, teriam um lugar seguro para abrigo e defesa, "inexpugnável, que todas as forças da Inglaterra não poderiam tomar". Tais conquistas poderiam ser objeto de negociação para obter um acordo de paz vantajoso para a França.

> E se, enfim, o governo quiser guardar estas praças para garantir a conquista do Brasil inteiro e a posse do comércio mais rico do universo, ou para fazer um objeto de compensação vantajosa num acordo de paz, e nesse caso não seria impossível se manter lá até este momento.

Assim poderiam obter, concluíam, "uma paz honrosa e geral".

Para corroborar o plano, vinham as "Reflexões do General Combis sobre a Expedição Projetada": "A Expedição contra o Brasil apresenta entre outras vantagens, se ela der certo, conduzir o Espírito de Especulação para os armamentos marítimos e, não menos precioso, dar à Marinha um impulso para fazê-la sair do estado nulo no qual ela caiu".

O general, veterano de batalhas desde os tempos de Luís XV, enxergava no plano o "feliz resultado da soma de meios e vontades", embora alertasse que os Cerf-Berr se alimentavam de "fáceis operações de Agiotagem". Apesar da convergência, as relações eram tensas no interior do projeto, e o militar fazia questão de se demarcar de seus aliados ocasionais.

"A Expedição proposta só pode dar certo na condição de que seja preparada muito Secretamente, caso contrário ela atrairá para o Brasil forças que a farão fracassar", afirmava também o general Combis, secundando assim o ministro da Marinha e das Colônias. As embarcações com mantimentos deveriam ir depois, para não atrasar a marcha e garantir o fator surpresa. Opina que a expedição só seria viável para atacar diretamente o Rio de Janeiro, deixando de lado inicialmente as outras duas capitais. Partiria do porto de Brest, apesar do bloqueio naval imposto pela Inglaterra no litoral francês: o embarque esperaria o momento oportuno, com os ventos do Equinócio (primavera) dispersando e dificultando o bloqueio. Os navios não saberiam qual o destino até o momento da partida.

O desfecho

Napoleão, após ler o projeto de invasão do Brasil, escreveu sobriamente: "Reenviado ao Cidadão Fleurieu para fazer um relatório. Feito em 26 Messidor. O 1º Cônsul, Bonaparte. 28. 8h da noite." Sua escrita ladeava a alegoria "Liberdade dos Mares", da Marinha de Guerra, impresso no papel timbrado em que o ministro da Marinha e das Colônias lhe encaminhara o material. Entre os dias 26 e 28, portanto, Napoleão tomou conhecimento do conteúdo, chamou o almirante Fleurieu para conversar e deu opinião (contrária) ao plano. Cabia ao almirante colocar no papel e desenvolver. Note-se que Bonaparte tratava o nobre como "Cidadão", ainda estavam muito perto da Revolução Francesa. Quando se sagrou imperador, quatro anos depois, o tratamento mudaria.

"O Primeiro Cônsul fez conhecer, logo que as proposições dos Comandantes Marx Cerf-Berr e Companhia lhes foram apresentadas, que ele não julgava conveniente destacar Armada Naval" para realizar o projeto, afirmou Fleurieu. Seja por falta de efetivos, seja para não abrir o flanco perigosamente para a Inglaterra. Mesmo que os empresários arcassem com os custos, como estava previsto, "para a expedição contra o Brasil".

Os inimigos poderiam descobrir tudo durante os preparativos, através de espiões, como argumentava Bonaparte pela voz de Fleurieu. Este, por sua vez, detalha críticas e assinala pontos falhos do projeto (entre os quais o desconhecimento geográfico do Rio de Janeiro).

"As Memórias apresentadas não trazem uma ideia suficiente dos meios de defesa que os Portugueses podem opor ao ataque." Nem levam em conta, segundo Fleurieu, as forças navais que os ingleses podem ter nas redondezas do Brasil após a conquista das colônias holandesas e até sediadas no Brasil mesmo. "Ainda que o projeto de uma Expedição contra o Brasil tenha sido abandonado", estas observações críticas poderiam servir a outras experiências que o governo tenha em vista, afirmava Fleurieu. E, deste modo, colocava um ponto final no Plano de Campanha.

Que fim levaram – O ministro da Marinha e das Colônias, Forfait, foi demitido logo depois do abandono do plano. O general Combis morreria doente após oito anos. Fleurieu, da mesma forma, dois anos após o general. Marx Cerf-Berr cobraria do governo o que achava que lhe era devido em outras transações até sua morte, em 1817. Seu filho Berr Marx Cerf-Berr, insistindo na América Sul, transferiu-se em 1824 para a Guiana Francesa a fim de instalar uma colônia. Pegou uma febre tropical e faleceu logo após sua chegada. Samson Cerf-Berr viajou por vários países do Oriente, publicou livros e suicidou-se com um tiro na cabeça em Paris.

Do Haiti ao Brasil

> "Irmãos e amigos. Eu sou Toussaint Louverture;
> meu nome talvez seja conhecido de vocês. Eu realizo a
> vingança de minha raça. Quero que a liberdade e a igualdade
> reinem a São Domingos. Eu trabalho para fazê-la existir.
> Uni-vos, irmãos, e combatam comigo pela mesma causa.
> Arranquem comigo as raízes da árvore da escravidão."
>
> *Toussaint Louverture*, em 1793.

Quando Napoleão enviou uma grande frota com 25 mil homens para reconquistar a colônia de São Domingos (a Pérola das Antilhas francesas), em 1802, e reestabelecer a escravidão, não pensou encontrar tanta dificuldade. Por isso, imaginou que teria uma folga e enviaria parte da esquadra para invadir o Norte do Brasil. O conselho fora dado pelo seu ministro da Marinha e das Colônias, Pierre-Alexandre-Laurent Forfait, em carta de 16 Messidor Ano 8 (5 de julho de 1800): aproveitar a expedição contra São Domingos e chegar ao Brasil. Era uma opção realizável, já que as tropas estariam localizadas na região. Ou seja, a Amazônia.

Também o general Pierre Riel de Beurnonville propôs a Talleyrand, em 20 Floreal Ano IX (19 de maio de 1801), valer-se do ataque a São Domingos para ocupar o Brasil. Beurnonville era militar, diplomata e parlamentar, serviu sob Luís XVI, teve atuação destacada na Revolução Francesa. E fiel aliado de Bonaparte. Com a Restauração, bandeou-se para os Bourbon e tornou-se ferrenho monarquista. Era importante dirigente de maçonaria. Talleyrand, partidário de acordo diplomático com Portugal, além de optar por uma expansão geopolítica em direção ao Mediterrâneo, não endossou a proposta de Beurnonville.

Curiosamente, na mesma época, circulou entre membros do governo da França uma Memória de um certo Gabriel Clavero (em espanhol e traduzida para o francês), que justificava, em termos geográficos, que a margem esquerda do rio Amazonas e do rio Negro deveriam pertencer à Guiana Francesa. Datada do 11 Nivoso Ano IX (1º de janeiro de 1801), em harmonia, pois, com a perspectiva de invadir o Norte do Brasil.

Para a campanha do Egito, em 1798, Bonaparte contara com 32 mil militares. Mas no Caribe, após sangrentas batalhas, os franceses se viram fragorosamente derrotados, dizimados. Desta vez, foram os trabalhadores escravizados que impediram a invasão do Brasil.

Aqui valem algumas palavras sobre o Haiti e o Brasil, colônias francesa e portuguesa nas Américas, com destinos ao mesmo tempo separados e interligados.

A insurreição de São Domingos realizou um feito maior na história da humanidade: pela única vez, escravos, como protagonistas históricos, derrotaram o escravismo numa sociedade e também a dominação colonial; foi a primeira Abolição e a segunda Independência das Américas, nascendo daí, em 1804, uma nação independente. Esse processo é conhecido como Revolução do Haiti, que está interligado à Revolução Francesa — mas não como simples ramificação desta. Tinha ritmo próprio. Colocava-se o início do século das Abolições, que se encerraria formalmente 104 anos depois, com a extinção legal da escravidão no Brasil.

Principal líder político e militar da Revolução do Haiti, Toussaint Louverture (1743-1803) tornou-se símbolo desse processo, embora tenha falecido nove meses antes da proclamação da Independência. Apelidado de Washington das Colônias e de Bonaparte Negro pelos europeus, devido às suas vitórias políticas e militares, o próprio Toussaint cultivava essa mística, e, ao trocar correspondência com o imperador dos franceses, colocou-se do seguinte modo: "O Primeiro dos Negros ao Primeiro dos Brancos". O que irritou Napoleão I.

Descrito como um tipo franzino e pouco imponente em termos físicos, mas dotado de forte carisma e energia, Toussaint, nascido escravizado, arrebanhava multidão de seguidores e, por várias vezes, enganou interlocutores europeus. Entretanto, foi pego numa armadilha por emissários de Napoleão Bonaparte e enviado para a França. Louverture permaneceu encarcerado no Forte Joux, na gélida e montanhosa fronteira com a Suíça, quando redigiu um memorial (publicado posteriormente como Memórias), sobre sua atuação para defender-se junto ao governo napoleônico. Sem receber aquecimento e tratamento médico, abatido por profunda depressão, faleceu oito meses depois, antes da Independência do Haiti. No momento de sua detenção, pronunciara a célebre frase: "Em me derrubando só abateram em São Domingos o tronco da árvore da liberdade dos negros; ele florirá pelas raízes que são fortes e numerosas".

O redator e líder político paraibano Antonio Borges da Fonseca afirmaria, em 1829, que "Toussaint, homem extraordinário, nascido na costa da África (sic), se elevou pelos seus talentos, caráter e firmeza a ser o chefe da colônia". Ou seja, uma visão favorável a esse personagem, em pleno Brasil escravista.

Outras lideranças expressam a dimensão da Revolução Haitiana e suas conexões com o Brasil. É o caso de Jean-Jacques Dessalines (1758-1806). Nascido escravo, sofreu castigos corporais durante seu cativeiro: proclamou a Independência do Haiti em 1804 e sagrou-se como imperador Jacques I (dezoito anos antes da coroação de Pedro I como imperador do Brasil). É considerado nos relatos de época de europeus um dos mais violentos protagonistas: comandou, pessoalmente, massacres da população branca e mulata e reprimiu rebeliões de negros ex-escravos em seu governo. Ao mesmo tempo, sua memória é cultuada como um dos Pais da Pátria e serve de referência a propostas de combate ao racismo e pela igualdade social.

É interessante registrar que, antes mesmo dos primeiros jornais impressos no Brasil, as notícias da Revolução do Haiti chegavam, mais rapidamente, pela transmissão oral entre setores pobres e livres da população, negros e pardos. No Rio de Janeiro, em 1805 (portanto, três anos antes do surgimento da imprensa no Brasil), houve o seguinte registro policial:

> O Ouvidor do Crime mandara arrancar dos peitos de alguns cabras e crioulos forros o retrato de Desalines [sic], Imperador dos Negros da Ilha de São Domingos. E o que é mais notável era que estes mesmos negros estavam empregados nas tropas da Milícia do Rio de Janeiro, onde manobravam habilmente a artilharia.

Ou seja, tal episódio de exibição pública de adesão à figura de Jean-Jacques Dessalines já circulava pela capital do território brasileiro e escravista poucos meses depois. E de forma iconográfica. Extrapolava a palavra impressa. É plausível, pois, que tais informações tenham chegado pela transmissão oral, por via marítima, mas também baseada em papéis (manuscritos ou impressos) e símbolos visuais. E a rápida adesão no Rio de Janeiro mostra que eles já acompanhavam os acontecimentos e seus significados previamente. Evidencia-se a circulação das palavras faladas, manuscritas, impressas ou de símbolos desenhados.

Também Henri Christophe (1767-1820), que nasceu cativo, orgulhava-se em ser "o primeiro monarca coroado do Novo Mundo". Efetivamente foi o primeiro rei, pois Jean-Jacques Dessalines sagrara-se imperador quatro anos antes. A coroação de Christophe como rei Henri I, no norte do Haiti, ocorreu em 1811, sete anos antes da cerimônia equivalente de João VI (nascido em Portugal) no Rio de Janeiro. Christophe ficou treze anos no poder da parte norte da ilha caribenha, sendo cinco como presidente da República e nove como monarca. Num viés eurocêntrico, a trajetória de Christophe é alvo de incompreensões e desprezo. A nobreza europeia não poupava sarcasmos ao que considerava uma imitação inferior de seus símbolos e instituições.

Figura histórica ao mesmo tempo instigante e mal conhecida, Emiliano Mundurucu, major do Batalhão dos Bravos da Pátria (Batalhão dos Pardos) em Recife durante a Confederação do Equador (1824), teve sua vida ligada à Era das Revoluções. Seu nome aparece nas fímbrias das lutas republicanas, contra a escravidão e o preconceito racial nos anos 1810-1830, não apenas no Brasil, mas em outras partes das Américas, sobretudo nos Estados Unidos, onde foi um dos pioneiros do abolicionismo. Era um contexto marcado por transformações políticas, embates sociais e confrontos militares.

É, sobretudo, em torno de um episódio em Recife, no âmbito da experiência republicana da Confederação do Equador, que o nome de Mundurucu se projeta em fugazes, porém marcantes, registros na historiografia, quando são atribuídas a ele (ou ao batalhão que comandava) as seguintes quadras cantadas pelas ruas no dia 22 de junho de 1824:

Qual eu imito a Cristóvão
Esse Imortal Haitiano,
Eia! Imitai ao seu Povo,
Ó meu Povo soberano!

No epicentro do Norte açucareiro em plena crise da Independência do Brasil apareceu, assim, a referência a Henri Christophe, o trabalhador escravizado que se tornara um dos principais líderes revolucionários em São Domingos. Hábil general comandante de tropas e conhecido por, paradoxalmente, efetivar alianças e realizar massacres contra brancos. Rei Christophe falecera quatro anos antes do pronunciamento acima em Pernambuco. Talvez tenha sido chamado de "imortal" justamente porque Mundurucu e os demais rebeldes sabiam de seu falecimento.

De certo modo, foi um modelo de Independência oposto ao do Brasil. Neste, permaneceu o escravismo e uma conciliação com a metrópole. No Haiti, rompeu-se de forma violenta com a escravidão e a colonização. Mas as contradições internas (fortes) e as relações externas, sob a égide da expansão capitalista transnacional, fizeram com que ambas as sociedades mantivessem a desigualdade social.

Library of Congress via Wikimedia Commons

■ Vingança do Exército negro em razão das crueldades praticadas pelos franceses.

Rio Grande do Sul, colônia francesa

"Se as circunstâncias permitirem, tentaremos a conquista do Brasil inteiro; mas ao menos é certo que poderemos formar no Sul desta possessão uma das mais florescentes colônias, como jamais houve. Ela poderia se estender de Leste a Oeste, desde o porto de São Pedro [Porto Alegre] até Mato Grosso numa profundidade de 300 léguas; e do Sul ao Norte, desde o mesmo porto de São Pedro até a foz de algum rio que deságua nessa costa."

Transformar o Rio Grande do Sul numa colônia francesa que se estenderia até Mato Grosso. Tal era o plano que o conde Jacques-Louis-Henri de Liniers (1749-1809) apresentou ao Primeiro Cônsul, em 1803. Este, anotou do próprio punho: "Solicito ao Cidadão Fleurieu dar a conhecer o que ele pensa desta memória. O Primeiro Cônsul, Bonaparte". Onipresença discreta.

O projeto chamava-se *Mémoire d'Henri Limiers proposant la création d'un établissement minier près de Maldonado (Paraguay) et d'une colonie française au sud du Brésil* (Memória de Henri Liniers propondo a criação de um estabelecimento mineiro perto de Maldonado "Paraguai" e de uma colônia francesa ao sul do Brasil).

Liniers era um aristocrata e homem de letras que, lançado no redemoinho da Revolução Francesa, tornou-se um misto de aventureiro, explorador e empreendedor capitalista. Foi se meter com a Espanha e suas colônias na América do Sul, lucrando com o tráfico de escravos.

Inventou uma pastilha de proteína, feita à base de carne bovina, que deveria servir de alimentação às Forças Armadas francesas durante as guerras do período. E, sobretudo, estava atrás de ouro, junto com seu irmão Jacques de Liniers (1753-1810), ou Santiago de Liniers y Bremond em castelhano, que chegou a ser vice-rei do Rio da Prata (Argentina) e conde de Buenos Aires. Formavam uma dupla atuante e com extensas ramificações políticas e empresariais.

O projeto, em síntese, era criar uma colônia francesa composta por germânicos habitantes dos países ocupados por Napoleão, no porto de Maldonado (atual Uruguai, contíguo a Punta del Este), estuário do rio da Prata no Oceano Atlântico. Esse agrupamento, depois de estabelecido, serviria de base, em seguida, para a invasão militar do litoral e dos pampas brasileiros, desde Porto Alegre até o pantanal mato-grossense. Formaria, assim, um Estado-tampão entre as colônias espanholas e portuguesas na América.

A titulação de Henri de Liniers era pomposa. Senhor de Gran--Chaban e de Grand-Breuil e cavalheiro da Ordem de São Luís, recebeu seus títulos de nobreza em 1783, mesmo ano em que sua peça teatral, *L'Amant sylphe* (O Amante sílfide), *ou la Féerie de l'amour* (A Fantasia do amor), comédia em três atos, foi representada diante de Luís XVI e Maria Antonieta no palácio de Fontainebleau. Entrou nas Forças Armadas com o grau de coronel de infantaria, no regimento Royal Monceau. Poeta e autor teatral, sua peça *Le Cinnaisseur* foi representada em Bordeaux em 1789, ano em que ele também publicou um livro de poesia. O ano da Queda da Bastilha. Com passagens por Espanha (Madri e Barcelona) e Lisboa (onde esteve preso), ele se instala então em Buenos Aires.

A preocupação literária de Liniers passa a ser mais pragmática. Ele cria em Buenos Aires a Usina Real de Pílulas, produzindo extrato de bovina com seu irmão, e tenta expandir os negócios para a Europa, sem sucesso. Ele praticava o tráfico de africanos escravizados para o reino do Rio da Prata e reivindicava, para Espanha e França, o exclusivo desse comércio na região, usando eventualmente navios estrangeiros. Pretendia a introdução massiva da população negra.

Um ponto que chama atenção no projeto de Liniers é a mineração. Nela, os negros deveriam trabalhar sob o controle dos alemães – os únicos, segundo ele, eficientes para a empreitada. Uma dominação racial sem disfarces. No ano anterior, 1802, Napoleão reestabelecera a escravidão nas colônias francesas. Liniers afirma que existia uma cadeia de montanhas a leste de Maldonado que "contém ouro, prata, cobre e pedras preciosas", cujas minas restam inexploradas. E que "é fácil recolher uma parte desses metais que com frequência se mostram à flor de terra". Nessas montanhas ficava, segundo ele, um povoado chamado Vila das Minas, conhecido por suas águas minerais. Era a *auri sacra fames*, maldita sede e fome do ouro.

A natureza da região era privilegiada, segundo o conde, poeta e empresário francês.

> O território é talvez a parte do globo mais privilegiada da natureza, pois reúne, ou pode produzir, quase todos os objetos de comércio ou de agricultura que se encontram espalhados pela face da terra, desde a pesca da baleia até as produções da zona tórrida. Um clima temperado e perfeitamente saudável e uma fertilidade que deve parecer fabulosa na Europa.

Cada um tem sua visão (e possibilidade) de paraíso. Formada a colônia alemã com africanos escravizados, com produção agrícola e pastoril, povoaria dessa maneira a localidade. Uma sociedade com tal formação não poderia desenvolver um *apartheid* institucionalizado? Fica a especulação. Em seguida, vinha a segunda etapa do plano.

Já que Portugal, segundo Liniers, não romperia relações nem fecharia seus portos à Inglaterra, seria o caso de partir para a ofensiva. Uma esquadra levando 5 ou 6 mil militares sairia da França (sob pretexto de ir para as Índias e colônias do Oceano Pacífico) e desembarcaria em Maldonado, na futura colônia francesa comandada por alemães com negros escravizados. De lá, a tropa seguiria os 700 quilômetros que separam a localidade de São Pedro do Rio Grande do Sul (Porto Alegre). A futura colônia franco-germana forneceria às tropas todo tipo de abastecimento: alimentos, cavalos e até mapas e guias experientes. Se preciso, fariam pontes móveis de couro de boi para atravessar o Rio Grande e chegariam à capital gaúcha de surpresa. A província gaúcha tinha cerca de 87 mil habitantes, não era superpovoada, mas também não era um deserto.

Antes que na Europa, ou mesmo na América, soubessem o que se passava, Porto Alegre seria tomada de assalto. Afinal, argumentava o conde francês, a cidade possuía apenas um regimento e dois batalhões, compostos por "criminosos portugueses" que não saberiam opor uma resistência eficaz. A noção dos luso-brasileiros como degenerados, ou preguiçosos e incapazes, aparecia de novo nos projetos de ataque franceses.

Nesse ponto, Liniers oferece a Bonaparte a escolha de atacar, simultaneamente, Pará ou Bahia (com tropas que partiriam da Guiana Francesa ou da própria metrópole), desestabilizando as defesas anglo-lusitanas e podendo, assim, conquistar o Brasil todo. Caso essa opção fosse de difícil realização ou não desse certo, restava uma saída mais segura: adentrar pelas terras de Mato Grosso.

> Se as circunstâncias permitirem, tentaremos a conquista do Brasil inteiro; mas ao menos é certo que poderemos formar no Sul desta possessão uma das mais florescentes colônias, como jamais houve. Ela poderia se estender de Leste a Oeste, desde o porto de São Pedro [Porto Alegre] até Mato Grosso numa profundidade de 300 léguas; e do Sul ao Norte, desde o mesmo porto de São Pedro até a foz de algum rio que deságua nessa costa.

Liniers avaliava que não seria difícil negociar com a Espanha (até pela inferioridade militar de então) um Estado-tampão francês entre os territórios das colônias portuguesa e espanhola, que serviria para arrefecer o conflito de fronteira entre as duas metrópoles ibéricas através de duas grandes colônias (que depois se tornariam Argentina e Brasil independentes). E também permitiria à França dificultar a predominância inglesa no Rio da Prata. Por fim, Liniers solicitava a Bonaparte a honra de apresentar de viva voz os detalhes e outros desdobramentos do plano.

A ducha fria de Fleurieu

Conforme solicitado por Napoleão, o almirante Claret de Fleurieu (de quem já tratamos aqui) fez um circunstanciado parecer. Cético e negativo. Fleurieu tinha larga experiência em questões militares, marítimas e geográficas, além de merecer a total confiança e admiração de Bonaparte. Era considerado um *savant*, isto é, um sábio especialista. Ele começa assinalando que Liniers se vangloriava de ter sólidos apoios na Espanha e no Rio da Prata, mas não nomeia nenhum deles. Em seguida:

> O coronel Liniers não parece duvidar que as montanhas das quais ele solicita a concepção (e hoje refúgio de bandidos espanhóis e portugueses) contenham Ouro, Prata, Cobre e pedras preciosas; partículas destes metais, diz ele, aparecem à flor da terra e outras são espalhadas pelas correntes de água.

Fleurieu acha estranho que espanhóis e portugueses, após três séculos de presença naqueles territórios, nunca tenham reparado nessa fartura. E que, olhando para os mapas disponíveis, essa cadeia de montanhas próximo a Maldonado se assemelha mais a simples colinas... Quanto à propalada Vila das Minas, não passa de um povoado com meia dúzia de cabanas. E que as torrentes podem trazer à tona alguns metais preciosos, sem que isso garanta a existência de veios minerais significativos no subsolo.

Além do mais, opina o almirante, parece arriscado à França envolver-se com especulações em terras estrangeiras sem ter uma noção melhor das condições, dos contatos e acordos, que não são conhecidos inteiramente também pelos espanhóis. E lembra que Liniers não dá informações detalhadas sobre as forças inglesas ou portuguesas que circulavam pela região, além das tropas fixas. Tais considerações versavam sobre a proposta de uma colônia francesa em Maldonado, que deveria se ocupar da mineração, da agricultura e da pecuária.

Sobre o projeto de invasão e conquista do Rio Grande do Sul e até de todo o Brasil, a resposta de Fleurieu é um primor de habilidade e diplomacia, ao deixar o dito pelo não dito: "Ninguém, no mundo inteiro pode, melhor que o Cidadão Primeiro Cônsul, apreciar o valor de um semelhante projeto, sobre o qual não me permitirei nenhuma observação".

E assim as terras gaúchas não ficaram francesas. Seriam curiosos os pampas francófilos. Foi mais um sonho irrealizado de um capitalismo de traços utópicos.

Henri de Liniers ainda deu algumas voltas. Já que seu plano não foi aceito por Napoleão, ele propôs no ano seguinte, 1804, um projeto de independência do Rio da Prata ao governo inglês. Mudou de lado rápido. Em 1808 esteve no Rio de Janeiro, onde se encontrou com o ministro Rodrigo de Sousa Coutinho – formulando então projetos de conciliação entre Portugal e Espanha quanto aos territórios meridionais. Faleceu no ano seguinte, em Buenos Aires, aos 60 anos, às voltas com tentativas de empreendimentos que mesclavam práticas capitalistas, mercantis, coloniais e escravistas.

De qualquer maneira, o projeto de Liniers continha aspectos que merecem ser assinalados. Por um lado, pretendia a introdução massiva de africanos escravizados na região. Por outro lado, prenunciou a colonização alemã, que, décadas depois, marcaria a localidade. Os primeiros alemães chegaram àquelas terras em 1824, e acostariam dezenas de milhares ao longo dos séculos XIX e XX.

O Estado-tampão, isto é, entre Brasil e Rio de Prata (Argentina), acabou se realizando não às custas das terras portuguesas, como pretendia Liniers, mas espanholas, no futuro Uruguai (que durante onze anos chegou a ser a Província Cisplatina, lusitana e brasileira). O desenho do mapa do Brasil poderia ter sido diferente.

Napoleão em dúvida:
Brasil ou Portugal?

> "Fiz de tudo para poupar o mundo desta calamidade."
> *Carta de Bonaparte a João VI.*

Bonaparte chamou com urgência seu eterno ministro da Marinha e das Colônias, Denis Decrès, ao palácio, em torno de 8 horas da noite, um dia em 1806. Uma dúvida o atormentava. Deveria invadir Brasil ou Portugal? Estava amadurecendo um plano. Escolheria, preferencialmente, investir contra a cidade do Porto ou navegaria direto para o Rio de Janeiro? Conversaram longamente, pesando prós e contras. O ministro propôs então fazer um levantamento das condições climáticas e marítimas (ventos, correntezas etc.) para ajudar na decisão. O imperador pediu que lhe enviasse o resultado o mais rápido possível.

Mal comparando, era como um jogo de xadrez. A questão esteve presente ao longo da trajetória de Napoleão I. Brasil e Portugal apareciam irremediavelmente ligados e intermediados pela Grã-Bretanha. No *Memorial de Santa Helena* (quando no último exílio, Bonaparte ditou suas memórias a Emmanuel de Las Cases), esse ponto vem de novo à tona. Tratava-se, em suma, de uma opção. Se invadisse Portugal, estaria deixando o Brasil para a Inglaterra – ou vice-versa. Pois não tinha tropa suficiente para realizar as duas conquistas. Nesse dia, Napoleão poderia invadir o Brasil. A decisão esteve por um triz.

No ano anterior, 1805, Bonaparte chegara ao apogeu de sua glória militar com a batalha de Austerlitz (atual República Tcheca). Suas

■ Bonaparte
no apogeu do
Império.

manobras foram consideradas geniais e ainda hoje são ensinadas em cursos militares. Mesmo inferiores numericamente, as tropas do imperador dos franceses derrotaram as forças de três impérios: Rússia, Áustria e Santo Império Romano Germânico. Somente nessa batalha se estimam 16 mil mortos. Corpos amontoados, mutilados.

Denis Decrès, ministro da Marinha e das Colônias.fez um relatório sucinto (uma página e meia) e meteorológico. Afinal, a decisão política e militar cabia ao imperador. Pedindo desculpas pela pressa e com uma letra de quem estava afobado, o ministro dirigia-se ao monarca como "Sire" e afirmava que não havia "nenhuma dificuldade de fazer instruções desde Porto até os arredores do Rio de Janeiro". Mas alertava que o "Rio de Janeiro está situado a 23º de latitude, e o inverno deve começar no mês de maio". E completava que os cabos Horn (Chile) e Boa Esperança (África do Sul) teriam inverno rigoroso em junho e más condições até o final de outubro, o que desaconselhava a realização do cruzeiro.

Como na época não havia serviço de meteorologia sistematizado, Decrès teve que consultar coleções de jornais antigos para conferir os dados de navegação – e precisou fazer a tarefa sozinho, pois o assunto era secreto, entre ele e o imperador.

Quanto à expedição para a cidade do Porto, o ministro a considerava "perigosa", pois o inimigo (Inglaterra) estava presente no litoral. Se o inverno não era aconselhável, no verão "nossa navegação enfrentaria enormes dificuldades". Nem verão, nem inverno. E terminava: "No litoral do Brasil acharemos poucos ingleses". Mesmo sem opinião explícita, o ministro da Marinha e das Colônias parecia tender para a invasão do Brasil.

Anos mais tarde, no exílio, Bonaparte se queixaria dessa imobilidade da Marinha de Guerra, envolta em preocupações meteorológicas:

> Eu passei todo o meu tempo a procurar o homem certo para a Marinha, sem conseguir encontrá-lo. Neste ambiente há uma especialidade, uma tecnicidade que barrava todas as minhas concepções. Eu propunha uma ideia nova e logo tinha alguém nos meus ombros a dizer: "*Sire*, isso não é possível". "E por quê?", eu indagava. "*Sire*, os ventos não permitem. E depois as calmarias, as correntezas..." E eu interrompia os planos. Se, em vez de combater esses obstáculos, eu tivesse encontrado alguém com uma abordagem semelhante à minha e ido além das minhas ideias, que resultados nós teríamos obtido!

Tal desabafo do imperador dos franceses se encaixa como uma luva neste e em outros projetos de ataque ao Brasil, que, por motivos diversos, foram bloqueados.

O caminho que Napoleão escolheu no ano seguinte à reunião com Decrès, 1807, é sabido: invadir Portugal. E repetiria a tentativa de invasão em 1809 e 1810, sempre conseguindo vitórias parciais e depois derrotado. O Brasil ficou a ver navios... britânicos. Calcula-se que, nas guerras do período revolucionário e napoleônico, morreram 700 mil espanhóis e portugueses. Uma carnificina.

René Théodore Berthon, vice-almirante Denis, duque de Decrès, foi ministro da Marinha e das Colônias entre 1801 e 1814 – um dos mais constantes nomes do ministério de Bonaparte. Este, participou com Decrès das campanhas contra Irlanda e Egito e deu-lhe um sabre como homenagem por sua bravura. Decrès, marujo experiente e intrépido, combateu na Guerra de Independência Americana e foi um dos organizadores da expedição contra São Domingos, quando insistiu no reestabelecimento da escravidão no futuro Haiti. Com a queda definitiva de Napoleão, ele se retira da vida pública. Morreu assassinado por um empregado doméstico que tentou roubá-lo.

A relação sinuosa entre João e Napoleão

Antes de Napoleão ser Napoleão, as hostilidades entre França e Portugal se acirraram com a Revolução Francesa. Em julho de 1791, dois anos após a Queda da Bastilha, um episódio atingiu em cheio os principais nomes da nobreza portuguesa. Foi a apreensão, pelas autoridades portuárias de Quillebeuf (distrito de Pont-Audemer, Eure), do navio *La Jeune Cecile* (A Jovem Cecília), com pertences da família real e de outros aristocratas. Os fiscais levaram ao pé da letra a recente lei que proibia o embarque de navios estrangeiros, devido ao estado de guerra com as nações europeias.

Eram caixas, malas e barris contendo prataria, joias, pedras preciosas, porcelanas, roupas, lingerie feminina, artigos de moda, móveis, utensílios de cozinha, quinquilharias em geral, livros, tabaco e até mesmo um coche. Estavam destinados à rainha Maria I, à princesa do Brasil, Carlota Joaquina, às irmãs da rainha Ana Maria e Maria Francisca Benedita, ao duque de Cadaval e ao marquês de Nisa. Também havia objetos pertencentes a autoridades de outros países, como o cavalheiro de Kaats, embaixador do rei da Dinamarca, além de franceses, como o duque e a duquesa de Luxemburgo e o conde de Chalon, embaixador da França em Portugal.

Um escândalo, causado pelo espírito revolucionário. O embaixador de Portugal na França reclamava a liberação das mercadorias. Na hora de partilhar o luxo, as aristocracias uniam-se. Eles tiveram chance de negociação, pois a Revolução Francesa estava na fase dita moderada, da monarquia constitucional.

Napoleão, mais tarde, entraria em cena nas relações diplomáticas com Portugal. Em 27 de maio de 1803 (27 Floreal Ano XI), como Primeiro Cônsul, enviava uma carta do próprio punho, em francês, ao príncipe Regente João (futuro João VI), respondendo às "diferentes cartas que Vossa Alteza Real desejou me escrever". Eis a missiva:

Saint Cloud, 27 Floreal Ano XI

Recebi as diferentes cartas que Vossa Alteza Real desejou me escrever. Tive uma grande satisfação com os sentimentos que Ela me apresenta. As circunstâncias atuais tornam-se cada vez mais graves e a guerra parece a ponto de se reacender entre a França e a Inglaterra. Fiz de tudo para poupar o mundo desta calamidade. Mas a Inglaterra se recusa a executar o Tratado de Amiens. O Embaixador da República em Lisboa dará a conhecer a Vossa Alteza Real a marcha das negociações. Nestas circunstâncias extraordinárias, todas as Potências interessadas na independência da Ordem de Malta devem reunir seus esforços, e me sinto autorizado a contar com os sentimentos que Vossa Alteza Real quis me testemunhar.

Peço a Vossa Alteza Real de crer ao desejo que tenho de contribuir a tudo que possa lhe ser agradável.

Bonaparte.

Carta sinuosa entre diplomacia e guerra, entre afabilidade e ameaças veladas. Ou está comigo ou está contra, dizia Napoleão, em meio às fórmulas de cortesia e amabilidades. O Regente João, que tinha o título de príncipe do Brasil, resvalava.

Quatro anos depois, a correspondência entre os governantes continuava. Napoleão agora imperador. A crise se acirrava, e ele subia o tom, quase extrapolando os códigos diplomáticos. Portugal queria permanecer neutro, fazendo esforços e malabarismos nesse sentido. Embora estivesse, há cerca de um século, cada vez mais vinculado à Inglaterra pelo comércio e pelas armas. Não era mais a potência lusitana cantada por Camões.

Em 8 de setembro de 1807, Bonaparte voltava à carga com uma carta ao príncipe João, escrita do castelo de Rambouillet. Punhos de ferro sobressaíam das luvas de pelica. Os planos de invasão de Portugal já estavam adiantados, e a iniciativa ocorreria três meses depois. Mas o monarca francês, até o último esforço, queria adotar uma solução pacífica (ou o mais pacífica possível), à maneira como fora feito na Espanha, onde Carlos IV e Fernando VII abdicaram do trono.

> Vossa Alteza Real é levada pelos acontecimentos a escolher entre o Continente e os Insulares: que Ela se vincule ao interesse geral e eu garanto na sua pessoa, na sua família, a conservação de seu poder.

Era um ultimato que se pretendia conciliador ao príncipe lusitano.

> Mas se, contra minhas esperanças, Vossa Alteza Real confiar nos meus inimigos, eu só terei a lamentar uma determinação que a afastaria de mim, e que me levaria ao destino dos acontecimentos [...].

E terminava:

> Aproveito a ocasião para renovar a Vossa Alteza Real a segurança de alta estima e de minha sincera afeição, e peço a Deus, Senhor meu Irmão e Primo, que ele vos mantenha em saúde e digna condição. Seu bom Irmão e Primo, Napoleão.

Em 26 de setembro, do castelo de Mafra, o príncipe João respondeu logo, em francês. O tratamento de parentesco era praxe entre os soberanos, mesmo quando não havia vínculo biológico, como no caso de Napoleão, plebeu que se autoproclamara imperador. Escrevia o príncipe do Brasil:

> Senhor Meu Irmão e Primo,
>
> Acabo de receber a carta de Vossa Majestade Imperial e Real do dia 8 corrente, que seu Encarregado de Negócios em Minha Corte Me apresentou. Eu não vacilo um momento em abraçar a Causa do Continente, por condescendência a Vossa Majestade Imperial e Real, e para contribuir, de minha parte, a acelerar a paz Marítima. De início, minha Esquadra, que se encontra no Mediterrâneo, vai retornar ao país, o que, espero, ocorrerá nos próximos dias. E os portos de meu Reino serão imediatamente fechados aos Ingleses. Espero que Vossa Majestade Imperial e Real leve em conta este sacrifício, que levará sem dúvida à ruína do Comércio dos Meus Súditos, e o perigo a algumas de minhas Colônias.
>
> Aproveito esta ocasião para reiterar a Vossa Majestade Imperial e Real a segurança de Minha alta estima e de Minha Inviolável amizade. Peço a Deus que ele vos tenha, Senhor Meu Irmão e Primo, em Saúde e Digna condição. Seu Bom Irmão e Primo.

A sorte estava lançada. E o comércio estava, sempre, no cerne dos interesses. Não importa se o príncipe João mentia ou cedia. De qualquer maneira, encontrava-se acossado pelo desenrolar dos acontecimentos. O que aconteceria a seguir seria decisivo para a Europa e mudaria os rumos do Brasil. Com a invasão francesa comandada pelo general Jean-Andoche Junot (1771-1813) e a partida, às pressas, da Corte Real para o Rio de Janeiro, o mundo parecia mudar de eixo, na constelação ibérica e americana. O sol virava satélite e, este, se transformava em sol.

O nacionalismo antifrancês

Já no Rio de Janeiro e sob a proteção da esquadra inglesa, o príncipe Regente João desceu do muro e soltou o verbo. Num decreto de 10 de junho de 1808, afirmava:

Havendo o Imperador dos Franceses invadido meus Estados de Portugal de uma maneira a mais aleivosa, e contra os tratados subsistentes entre as duas Coroas, principiando assim sem a menor provocação as suas hostilidades, e declaração de Guerra contra a minha Coroa, convém à dignidade dela, e à Ordem que ocupo entre as Potências, declarar semelhante a Guerra ao referido Imperador, e aos seus Vassalos; e portanto Ordeno que por Mar e por Terra se lhes façam todas as possíveis hostilidades [...].

Do "Bom Irmão e Primo" à aleivosia e hostilidade, só havia um passo a transpor. Em Portugal, nesse período, desenvolveu-se um forte nacionalismo antifrancês e, particularmente, antinapoleônico (que repercute até hoje em historiadores). Dezenas de publicações foram impressas para atacar o "Ogro da Córsega", numa verdadeira campanha orquestrada.

Na curiosa *Trombeta da Verdade Métrico-Analítica contra os planos e imposturas de Napoleão e seus satélites*, de 1811, escrita em versos, afirma-se:

Contra o Corso e seus sequazes
A verdade sempre clame;
Por ele das Lusas veias
Sangue ilustre se derrame.

Houve ainda um *ABC do Maquiavélico, ou Monstruoso, caráter de Bonaparte, demonstrado pelas letras do ABC*, também em versos:

V
Voraz Glutão, que devora
Vinhas, terras, olivais,
Viveiro dos Vícios todos,
Vivo para ofender mais.
Se pouco digo
Neste Sumário,
Faltam palavras
No Dicionário

■ Batalha de Vimeiro, derrota das tropas francesas.

Num primeiro momento a invasão foi bem-sucedida. Junot varreu as tropas portuguesas, chegando até Lisboa. Ergueu a bandeira francesa tricolor no castelo de São Jorge. Lançou várias proclamações e conseguiu aliados. Começou a estruturar um governo. Napoleão deu-lhe o título de duque da Abrantes (pois Junot estava nesta cidade quando soube da fuga da Corte portuguesa para o Brasil). Bonaparte destituiu a dinastia dos Bragança por decreto e confiscou seus bens. Mas entraram em cena as tropas britânicas e varreram Junot, na batalha de Vimeiro. As invasões francesas em terras lusitanas custaram muitas vidas. Mas, no final, fracassaram, e as tropas do imperador tiveram que se retirar, derrotadas.

Os folhetos lusitanos contra o imperador dos franceses pareciam ignorar que ele pretendera invadir o Brasil. De qualquer modo, ele acabou ficando sem os dois territórios, ibérico e americano.

O duque e a duquesa de Abrantes

Enquanto o general Junot se cobria de glórias, na fase inicial da campanha de Portugal, Napoleão mandou chamar ao palácio a duquesa da Abrantes, que ficara na França. Com esse título tão português, devido às circunstâncias, na verdade se tratava de uma típica francesa da pequena aristocracia, Laure de St.-Martin Permon (1784-1838), cuja família conhecia Bonaparte antes deste ficar famoso. Laure, ou duquesa de Abrantes, tornou-se escritora e teve posteriormente um caso amoroso com Honoré de Balzac. Mas, naquele dia, Bonaparte chamou a jovem, de 22 anos, e fez muitos elogios a seu marido:

> Junot está em posição de fazer um belo e bom trabalho. Seu governo está organizado em Portugal como não havia desde o marquês de Pombal. Junot está instalado como chefe de Estado, com seus ministros... Enfim, vai tudo bem. Gostei muito do discurso que ele pronunciou. Muito mesmo. Ele tem compostura e dignidade.

Enquanto falava, o imperador mantinha um olhar agudo sobre a interlocutora, o que visivelmente a incomodava e a punha na defensiva. Não era à toa. Afinal, todos comentavam sobre um caso extraconjugal que ela teria com Klemens W. von Metternich, o representante austríaco que obteria destaque no Congresso de Viena. Napoleão, em seguida, quis saber se ela se correspondia com o marido e se não tinha a intenção de viajar a Portugal para encontrá-lo. Sutil, mas indiscreto. Informalmente, Napoleão a tratava de "pestinha", afetuosamente. Diante da tensão que crescia, Bonaparte falou sorridente:

> Não busque segundas intenções no que eu falo... É tudo tão simples!

Laure disse que ficou vermelha como uma cereja ao ser surpreendida em seus próprios pensamentos. E o imperador engatou:

> E a senhora, madame Junot, que tem o hábito das belas coisas do mundo, não gostaria de partilhar o trono com Junot? Eu lhe garanto que ele está lá como os Albuquerque e os Hernandez Cortés, no Brasil e no México.

Napoleão I deixava escapar, falando de um subordinado, o sonho de ser um Conquistador do Brasil. Referia-se ao português Afonso de Albuquerque (1462-1515), na verdade Conquistador das Índias Orientais e sucessor de Pedro Álvarez Cabral, e ao espanhol Hernandez Cortés (1485-1547). Era, para ele, um sucesso, exemplo de glória. E o imperador encerrou a conversa, deixando a duquesa de Abrantes partir, ao mesmo tempo aliviada e apreensiva. Ela acabou indo a Portugal encontrar-se com o esposo. Napoleão a tratava como uma irmã mais nova, mas ela retribuía com desconfiança e, mais tarde, sarcasmo.

Seis anos após a primeira invasão francesa em Portugal, Junot passou a sofrer sérios transtornos mentais. Não se sabe até que ponto as sucessivas derrotas militares e a ruína de sonhos contribuíram para tal estado. Chegou ao ponto de se automutilar, vindo a falecer das infecções consequentes. Numa de suas últimas alucinações, ele escreveu um "testamento", em que distribuía minas de ouro, diamante e prata, da seguinte forma:

– A S. Majestade o grande Napoleão, quatro; a S.A.I. o vice-rei, que faço Imperador, ou como Napoleão quiser, duas; aos ingleses, metade e para mim uma metade para governar o Brasil; Portugal, a metade setentrional, de que os ingleses terão a outra metade.

A ilusão devorava o Conquistador inacabado, que caía num delírio compensatório. Junot parecia refletir, em seus próprios sonhos esmagados, as expectativas irrealizadas de Napoleão Bonaparte.

Conquistar as terras gaúchas:
aliança franco-espanhola

Por fim, como que fechando um ciclo, temos dois planos de ataque franco-hispânicos, partindo do Rio da Prata em 1808. A Corte lusa já havia chegado ao Rio de Janeiro, mas poderia haver uma brecha para a ocupação pela parte mais ao Sul da América Portuguesa, periférica e próxima das possessões espanholas. Novamente estavam em jogo os pampas gaúchos.

Um certo Mariano Isasbiribi, enviado de Jacques de Liniers à Espanha, apresentou um projeto de invasão de Porto Alegre ao marechal Joachim Murat, príncipe do Império francês e braço direito de Napoleão Bonaparte. Previa a remessa de 10 mil fuzis, 12 peças de canhão, 500 mil cartuchos e 600 mil francos, acompanhados de 3 mil homens. Os ingleses haviam tomado Montevidéu, e os franceses queriam revidar. Murat disse que a proposta contava com a simpatia do imperador e pediu mais detalhes.

Mariano então deu mais informações, em carta enviada de Baiona, Espanha, datada de 23 de maio: avaliou as tropas portuguesas na província do Rio Grande de São Pedro, argumentou que as forças francesas poderiam servir também para a defesa de Buenos Aires e indicou rotas marítimas alternativas para evitar a presença das embarcações inglesas no trajeto atlântico. E mesmo sugeriu que os rios da região dos pampas poderiam ser atravessados com pontes móveis feitas de couro de boi. Murat, por sua vez, admitiu poder enviar mil homens. Estavam em negociações para viabilizar a iniciativa.

Porém, em 1808, a situação na Europa exigia muitas energias, e Murat foi nomeado rei de Nápoles, com o título de Joachim-Napoleão I. O projeto do Sul da América do Sul foi deixado de lado.

Quase simultaneamente ao plano anterior, em 28 e 29 de junho, um grupo de deputados do Rio da Prata, presentes também em Baiona, apresentou duas memórias aos franceses. A primeira, propunha melhorias nas áreas já colonizadas pela Espanha e possível ampliação dessas áreas, incorporando territórios portugueses. A segunda, pretendia uma invasão militar da província do Rio Grande de São Pedro.

Essa expedição ao Brasil teria como sede nada menos que a Patagônia. De lá, as tropas francesas e espanholas poderiam tomar, de passagem, Buenos Aires e Montevidéu, caso estas estivessem nas mãos dos ingleses. Depois, chegariam a Porto Alegre. O plano também não vingou. Note-se que, em nenhum desses dois casos, se questionava a integridade dos domínios hispânicos nas Américas. Apenas queriam melhorar a colonização e ampliar os territórios, às custas das possessões portuguesas.

Fechava-se, então, a cortina dos projetos de invasão francesa ao Brasil dos períodos revolucionário e napoleônico, embora o imperador dos franceses ainda fosse ficar no poder por mais sete anos.

Expedições várias e caça a fantasmas

"Tocar o inacessível chão.
É minha lei, é minha questão
Virar esse mundo, cravar esse chão!
Não me importa saber
Se é terrível demais
Quantas guerras terei que vencer
por um pouco de paz"
"Sonho impossível", versão de Chico Buarque de Holanda.

Napoleão Bonaparte projetou, ou sonhou, invadir a Índia com uma grande esquadra movendo-se pelo Atlântico e dobrando o cabo da Boa Esperança até o oceano Índico. Assim, cercaria a Rússia por trás. Tal esquadra teria um ponto da costa brasileira para estacionar e revitalizar-se, antes de chegar a seu objetivo final. Neste caso, o imperador olhava o Brasil apenas como trampolim. Embora seja de se imaginar o susto que causaria uma frota francesa de grandes dimensões na colônia portuguesa. Mais uma tentativa irrealizada. Quanto mais sonhos, mais chances de sucesso... e fracasso.

A possibilidade de atacar o Brasil quando da expedição contra São Domingos, ao que parece, não foi a única. Em 1801, Bonaparte preparou, em segredo, uma frota para chegar à América Portuguesa. A esquadra, reunida no porto de Brest, era composta de cinco navios de guerra franceses, cinco espanhóis e cinco holandeses, países que estavam aliados e sob o controle napoleônico. O objetivo era fazer com que os ingleses não tivessem mando total sobre a lucrativa colônia. Assim como enfraquecer Portugal, para poder conquistá-lo.

Apesar do sigilo, a notícia vazou para alguns jornais, e o rumor se espalhou. No dia em que os navios de prontidão, já armados, equipados e tripulados, tinham ordens para zarpar ao Brasil, um emissário de Bonaparte chegou com uma carta lacrada aos comandantes. A resolução era seguir para o Egito, a fim de reforçar a posição francesa lá. Tratava-se de uma manobra de Napoleão para ocultar suas verdadeiras intenções. E a esquadra seguiu para o Egito. A tragédia virou farsa. Neste caso, a invasão do Brasil era uma encenação.

Independente de projetos, a corveta luso-brasileira *Andorinha* foi atacada e capturada no litoral brasileiro pela fragata oficial francesa *La Chiffonne*, em 29 Floreal Ano IX (19 de maio de 1801), dirigida pelo comandante Guieysse. Em seguida, a mesma embarcação francesa, que levava deportados de Nantes para as ilhas Seychelles, aprisionou também o navio inglês *Companhia das Índias Bellona*, no canal de Moçambique, em 27 Prairial Ano IX (16 de junho de 1801). Mas, no fim das contas, a própria *La Chiffonne* foi apanhada pela fragata inglesa *Sybil*, em Mahé, nas ilhas Seychelles, em 12 Fructidor Ano IX (20 de agosto de 1801). Era a dinâmica das batalhas. O combate marítimo levava a guerra, a princípio europeia, para outros continentes.

Os navios da Marinha de Guerra, na Revolução Francesa e durante Napoleão I, rondavam o litoral brasileiro. Ziguezagueavam como zangões. Mesmo quando não havia projeto de invasão formal, estavam por ali. Sem contar os barcos piratas, que proliferavam. As embarcações oficiais transitavam em torno da Guiana Francesa e com frequência iam até Montevidéu (devido à aliança com a Espanha), o que as levava a passar pela costa atlântica do Brasil. A ilha portuguesa de Príncipe (ao lado da ilha de São Tomé, na costa africana), importante ponto do tráfico de escravizados no Atlântico, foi ocupada pelos franceses pelo menos duas vezes. A seguir, o registro de alguns desses navios.

1791

- Navio *Duc d'Orléans* – Travessia da Ilha da França (Oceania) a Pointe-à-Pitre (Guadalupe) via Rio da Prata e Rio de Janeiro; comandante Duclos-Guyot; 12 de fevereiro de 1791.

■ Fragata francesa da época revolucionária e napoleônica.

1795

• Corveta *La Bergère* – Travessia de Caiena à Ilha de Aix e retorno a Caiena; cruzeiro no litoral do Brasil e retorno a Rochefort. Comandante Troude; 8 Brumário Ano IV – 9 Brumário Ano V (30 de outubro de 1795 a 30 de outubro de 1796).

1796

• Corveta *La Chevrette* – Partida da Ilha de Aix; cruzeiro no litoral do Brasil, em torno da Ilha Fernando de Noronha, Mar das Antilhas e retorno à Caiena; comandante Rivière; 22 Fructidor Ano IV – 4 Germinal Ano V (8 de setembro de 1796 e 24 de março de 1797).

• Navio *l'Épervier* – Partida da Ilha de Aix; passagem no litoral do Brasil; Caiena; levando correspondência a Guadalupe; circulou pela região. Passagem pela Ilha Fernando de Noronha e retorno a Caiena. Comandante Jurien-Lagravière; 8 Brumário Ano V (29 de outubro de 1796).

1798

- Fragata *La Franchise* – Partida de Rochefort; cruzeiro sobre a costa ocidental da África e no Golfo de Guiné; conquista da Ilha portuguesa de Príncipe; travessia desta ilha até Montevidéu, cruzando o litoral brasileiro; retorno a Rochefort. Comandante Jurien; 27 Frimário Ano VII – 5º dia complementar Ano VIII (17 de dezembro de 1798 a 22 de setembro de 1800). Pertencia à Divisão da Costa da África e do Brasil.

1799

- Fragata *La Concorde* – Cruzeiro pelo Golfo de Guiné, conquista da Ilha portuguesa da Príncipe; travessia desta ilha até Montevidéu, cruzando o litoral brasileiro. Capturada pelo navio inglês *Belliqueux* a 16 Termidor Ano VIII (3 de agosto de 1799); comandante Landolphe. Pertencia à Divisão da Costa da África e do Brasil.

1800

- Escuna *l'Espérance* – Embarcação norte-americana capturada no litoral brasileiro e utilizada como *aviso* pela Divisão Landolphe; levada a Caiena pelo comandante Hamon; 30 Termidor - 6 Fructidor Ano VIII (24 de abril de 1800 a 18 de agosto de 1800).

1801

- Corveta *La Bergère* – Partida de Caiena, navegação entre a África Ocidental e o Brasil; ida a Montevidéu; capitão de fragata Bourdichon; 25 Nivoso Ano IX (15 de janeiro de 1801). Pertencia à Divisão Naval da Guiana.
- Corveta *La Mutine* – Partida de Caiena, viagem no litoral do Brasil até Montevidéu; comandante Reybaud; 28 Brumário Ano X (11 de dezembro de 1801). Pertencia à Divisão Naval da Guiana.

Assim como as navegações citadas acima não resultaram em ações concretas sobre o Brasil, as autoridades portuguesas, por sua vez, ficavam a ver fantasmas e caçar sombras. Intuíam o perigo, mas não sabiam bem onde ele estava. O ministro Rodrigo de Sousa Coutinho mandou prender um grupo de portugueses e espanhóis, vindos dos Estados Unidos, suspeitos de serem emissários de Napoleão Bonaparte, em julho de 1811. Três meses depois, o mesmo ministro ordenou a soltura dos prisioneiros. O último ainda detido, Vicente de Navarro de Andrade, como os demais, teve a inocência reconhecida. Além disso, qualquer cidadão francês era suspeito de ser agente bonapartista, até prova em contrário. As autoridades luso-brasileiras pareciam desconhecer os 17 planos de ataque revelados nesta obra.

Do mesmo modo, outras fontes também ignoravam tais projetos. O *Correio Braziliense* (1808-1822), redigido em Londres por Hipólito da Costa, não faz qualquer menção a algum tipo de ataque direto ao Brasil pelas forças napoleônicas, embora realizasse um acompanhamento exaustivo das guerras e do governo do imperador dos franceses. Isso talvez se explique porque o periódico começou a circular no ano em que tais projetos cessaram de existir. De qualquer maneira, aquelas eram atividades militares secretas e que poderiam ser consideradas de segurança nacional para o Estado francês.

A INVASÃO QUE NÃO HOUVE

○·····································○

"Eu passei todo meu tempo a procurar o homem certo
para a Marinha, sem conseguir encontrá-lo. Neste ambiente há uma
especialidade, uma tecnicidade que barrava todas as minhas concepções.
Eu propunha uma ideia nova e logo tinha alguém nos meus ombros a dizer:
'*Sire*, isso não é possível'. 'E por quê?', eu indagava. '*Sire*, os ventos não
permitem. E depois as calmarias, as correntezas...' E eu interrompia os
planos. Se, em vez de combater esses obstáculos, eu tivesse encontrado
alguém com uma abordagem semelhante à minha e ido além
das minhas ideias, que resultados nós teríamos obtido!"

Napoleão Bonaparte, 1816.

Bonaparte ficou a ver navios

"A guerra atual é a guerra da independência do comércio."
Napoleão Bonaparte, 1807.

Todos esses projetos de ataque tinham um ponto em comum: estabelecer o comércio marítimo dos produtos brasileiros. Na lei ou na marra. O período revolucionário e napoleônico foi de total interdição das relações comerciais entre França e Portugal (e suas colônias). Havia produtos franceses que chegavam ao Brasil, mas com restrições e de maneira indireta, através de intermediários e mediante taxas extras. Havia uns poucos comerciantes franceses na América Portuguesa, submetidos às mesmas limitações. Mas o contato de comércio das duas nações (e as respectivas tarifas de alfândega) era proibido e desestimulado. Existia o escape da pirataria ou contrabando, mas que não dava vazão ao potencial reprimido. Era o capitalismo mercantil em plena expansão, potente, uivando, mas amarrado e amordaçado. Daí tentativas que podem parecer tresloucadas.

Mesmo com diferença de táticas militares, localidades e ocasiões escolhidas, mesmo com perspectivas ideológicas diversas, abolicionistas ou escravocratas, colonialistas ou independentistas, havia este denominador comum nos planos: o comércio. Pacífico ou de pilhagem, o importante era abrir a porteira. A revolução burguesa não aceitava entraves e segurava nos dentes o freio. Afinal, como diziam antigos marxistas, a nação é um mercado protegido por forças armadas.

Outro ingrediente que movia esses projetos de ofensiva era o nacionalismo expansionista francês, que existiu antes e depois de Bonaparte. *Allons enfants de la patrie*, cantava A Marselhesa. A Grande Nação e as Repúblicas Irmãs, numa versão mais fraterna. O Império agregando povos e nações, na centralização bonapartista. Ou simplesmente a relação colônia-metrópole, num sentido mais pragmático. O orgulho nacional mobilizava corações e mentes. Mais especificamente, havia o patriotismo militar, que se gabava de feitos de armas, torcia para vitórias de batalhas. Ufanismo às custas de muitas mortes de todos os lados. *Aux armes, citoyens!* Os estandartes sangrentos desfilavam sem pudor e até com glória.

Era o bonapartismo em seu sentido clássico, isto é, a política militarizada. O chefe militar se coloca como se estivesse acima dos demais grupos e poderes, tornando-se em árbitro justo e justiceiro através de seu voluntarismo que, supostamente, coloca os interesses do povo e de uma nação em primeiro lugar. E, sobretudo, define quais são tais interesses.

"Para que queremos nós um Imperador Generalíssimo, como Bonaparte?", indagava Cipriano Barata um ano após a Independência do Brasil, a propósito do autoritarismo de Pedro I.

E o modo napoleônico dessa expansão foi único e original. Um estilo extravagante de ampliar e consolidar o capitalismo e a modernização, usando ao mesmo tempo boa dose de racionalidade e pragmatismo com iniciativas ousadas. Ao mesmo tempo combatia o feudalismo e o Antigo Regime e criava uma nova aristocracia. Aliando persuasão política e força militar. E buscava burlar os ritmos de tempo e espaço vigentes, intentava refazer fronteiras geográficas e nacionais, através de sangrenta máquina guerreira, auxiliada pela diplomacia. Tinha perspectiva planetária. E mantinha-se eurocêntrico e francófono.

Napoleão Bonaparte era um agente do capitalismo, não um doidivanas. Agia de maneira genial, original, ousada, excêntrica, cruel, fria — mas no fundo se resumia a isso. Fosse capitalismo comercial, industrial, agrícola e até financeiro. Sabia lidar com grandes fortunas, fez algumas, destruiu outras e construiu a sua própria. Parecia pairar acima da sociedade, mas estava mergulhado nela. Fora de seu contexto, pode parecer exagerado. Deste modo, era possível pensar em invadir o Brasil.

Com a vinda da Corte portuguesa para o Brasil, em 1808, ficou mais difícil tentar uma invasão francesa. A Inglaterra tinha feito sua opção, e o Portugal ibérico ficou mais vulnerável, recebendo três sucessivas invasões francesas. As terras brasílicas, tornadas sede do império português, estavam reforçadas, inclusive militarmente, sob a vigilância britânica.

Em 1815, com a Restauração Monárquica e o reestabelecimento das relações comerciais entre o Brasil e a França (e com o resto do mundo), o cenário mudou. A batalha passou a ser feita mais pacificamente, através de concorrência, taxas aduaneiras, aventuras ou desventuras das iniciativas comerciais; sorte, talento ou recursos dos comerciantes. A guerra era outra, embora os projetos de invasão militar tenham continuado, mas sem insistência e com menos força. O governo monárquico dos Bourbon não era lá muito afinado com a vanguarda do capitalismo, pois estava apegado a símbolos, tradições e privilégios que não faziam mais sentido. Mas entre trancos e barrancos, o comércio avançava e crescia, sob o peso da desleal predominância britânica, como pode se ver nos gráficos a seguir.

■ Gráfico 2: Navios chegando ao Rio de Janeiro: Inglaterra, EUA, França e Portugal entre 1821 e 1837

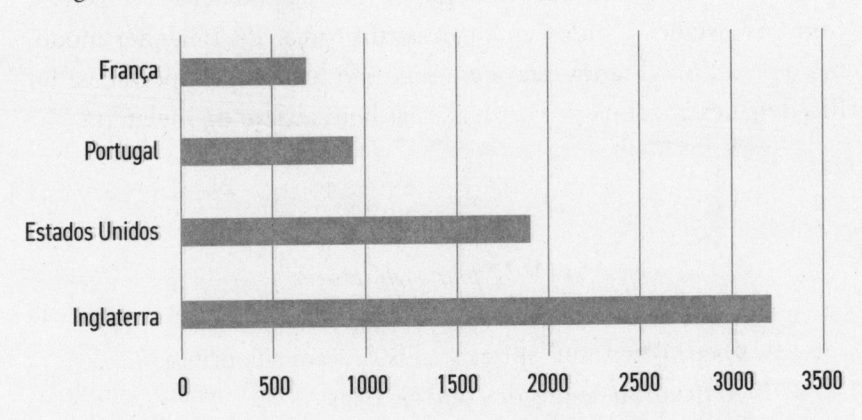

Fonte: Horace Say. Histoire des relations commerciales entre la France et le Brésil... 1839.

O Brasil ficou a ver navios... britânicos e norte-americanos. A França ocupava um modesto quarto lugar, entre os navios que chegavam ao Rio de Janeiro, embora isso significasse uma quantidade considerável de comércio. Mas para quem pretendeu ser a metrópole principal, o resultado deixava a desejar.

■ Gráfico 3: Origem das importações no Rio de Janeiro em 1837*

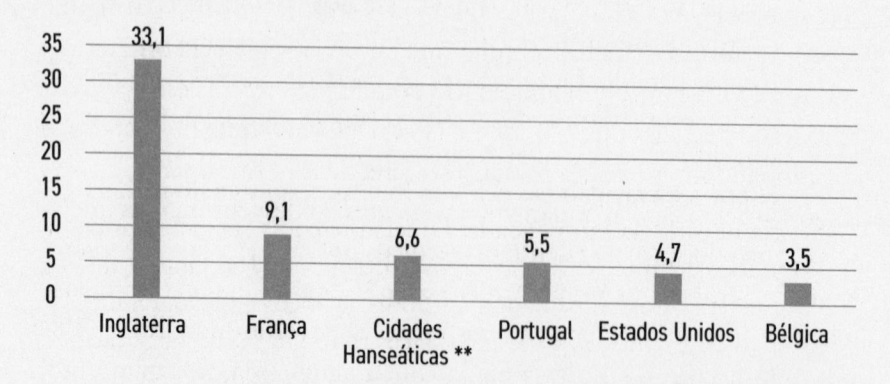

Fonte: *Horace Say, Histoire des relations commerciales entre la France et le Brésil... 1839. Os seis principais países. * Valor em milhões de francos, moeda da época. ** Cidades Hanseáticas: Lubek, Hambourg e Brème, ou seja, germânicas.*

A Monarquia de Julho (1830-1848), orleanista e dita Monarquia Burguesa, viria a corrigir em parte esses entraves, embora desencontros e limitações persistissem. Até porque a Inglaterra já havia avançado muito em terreno difícil de reconquistar, e havia potências emergentes, como os Estados Unidos, que ganhavam força. De qualquer modo, nesse período, a França estava em segundo lugar nas importações no Rio de Janeiro, acima de Portugal, mas bem abaixo da Inglaterra.

➤ *Os 17 planos de ataque*

Os projetos aqui apresentados tinham sua originalidade e diferenciavam-se uns dos outros.

- Três, por exemplo, propunham a abolição da escravidão (Lacrosse, Montalan e desconhecido), em 1799 e 1800. E outro (Willaumez) visava combater o tráfico negreiro entre África e Brasil, em 1799, algo que a Inglaterra só começaria a fazer oito anos depois. O capitão Larcher não citou explicitamente abolição, mas defendia a Constituição francesa de 1795, que era abolicionista. O projeto de Vigneti referia-se à "abominável escravidão". Talvez não dê nem para imaginar o impacto no continente brasileiro que teria a extinção do trabalho escravo naquele período. Que forças sociais liberaria e se haveria conflitos internos contra a medida. De qualquer modo, não se sabe se o alcance seria confiável, pois em 1802 Bonaparte reestabeleceria a escravidão nas colônias francesas, num gesto inédito na história da humanidade. Liniers pretendia incrementar o tráfico atlântico de escravizados, em 1803, no Rio Grande do Sul. Já Lacrosse, apesar de abolicionista para o Brasil, pretendia reforçar e controlar o mesmo tráfico em Angola. A triangulação com a África também foi apresentada num projeto de 1799. E a ilha do Príncipe, ponto vital para o tráfico atlântico negreiro de Portugal, foi ocupada várias vezes pelos franceses.

- Dois planos, do capitão Larcher, apoiavam a Independência do Brasil. A começar pela Bahia, mas com a firme convicção de que tal iniciativa imploditia o domínio português na América, formando "um só Povo", não mais dividido em capitanias. Ele apresentou esse plano em 1797 e em 1799, com modificações, reforçando a ideia ainda em 1800.

- A maioria das propostas pretendia transformar o Brasil, ou parte dele, em uma colônia francesa, ou seja, realizando a substituição de metrópole (Cerf-Berr, Willaumez, Liniers, Beurnonville, Lacrosse, Forfait, Lambrechts e o próprio Bonaparte).

- Alguns queriam fazer apenas saques e pilhagens (Polony, Vigneti e Lacrosse).

- Três ministros da Marinha e das Colônias (Forfait, Lambrechts e Decrès) apoiaram a invasão do Brasil.

- A Amazônia foi visada em várias ocasiões, mirando ligar o território desse espaço de floresta luso-brasileiro com a Guiana Francesa. Quando Talleyrand negociou com o conde da Barca em 1797, uma cláusula pretendia passar a Amazônia para a França. Do mesmo modo, o capitão Polony pretendia atacar a região um ano antes. E Napoleão Bonaparte quis invadi-la em 1802. O conflito da fronteira francesa e portuguesa era constante, e três décadas mais tarde o embaixador francês Edouard Pontois pretendeu anexar o rio Amazonas, como veremos adiante.

- Nove projetos ocorreram no período do Diretório e cinco no Consulado, ou seja, quando a Revolução Francesa definia os rumos expansionistas da Grande Nação; com Bonaparte, recém-chegado ao poder, pareciam estar em aberto todas as possibilidades de avanço militar em escala planetária. Era o momento de tentar e definir. Daí a concentração de planos no período. Porém o Primeiro Império acabou mais envolvido em assuntos europeus.

- O ano com maior número de projetos – seis – 1799, foi o apogeu e a queda do Diretório e de sua política de ambição planetária. Foi também o ano em que Napoleão chegou ao poder. Em 1800 e 1801 foram cinco planos, ou seja, quando Bonaparte se consolidava e definia os rumos da expansão.

- O Rio de Janeiro foi o principal objetivo dos planos, com cinco iniciativas, seguido da Bahia, com quatro. Rio Grande do Sul e Pernambuco, com três cada. Rio de Janeiro era a capital, e a Bahia havia sido relativamente pouco tempo antes – cidades com grandeza econômica e portuárias. E as terras gaúchas estavam em vista por fazerem fronteira com a América espanhola, facilitando assim a suposta anexação. Pernambuco (Recife), por sua vez, era o principal porto açucareiro do Nordeste.

- Em muitos dos projetos de ataque, o Brasil aparece como um paraíso pragmático. Belezas e riquezas, não necessariamente nesta ordem. Parecia um tesouro inexplorado, natureza exuberante e fértil. Acendia sonhos e cobiças. Abastança resplandecente, exuberante, pedindo para ser cultivada, explorada ou simplesmente saqueada. Diferente da América do Norte, onde a natureza favoreceria a civilização, no Brasil prevaleceu a noção de que eram recursos naturais como que pedindo para serem usufruídos em fartura.

Além de Napoleão

O Brasil não foi o único alvo de propostas de ataque não realizadas no período da Revolução Francesa e de Napoleão I. Nas Américas encaminharam-se sugestões para expedições oficiais a México, Cuba,

Porto Rico, Nicarágua, Caracas, Trinidad e Tobago, Jamaica, Suriname, Rio da Prata (Argentina); Louisiana e Flórida (EUA). Iniciativas, aliás, que se espalhavam mundo afora. Para todos os continentes surgiram planos assim: África, Ásia e Oceania. A Índia merecia grande atenção. Era a dimensão planetária das ações napoleônicas, que, assim, ensaiava e reforçava sua perspectiva colonial.

Outros projetos de invasão francesa ao Brasil surgiram após a queda de Napoleão, mas com pouca força. Até porque as relações comerciais haviam sido oficialmente estabelecidas, mas insuficientes, como foi visto. O que deixava margem a novas tentativas.

Descobriu-se uma conspiração, em 1817, para libertar Bonaparte da ilha de Santa Helena, com ramificações nos Estados Unidos e no Brasil, coincidindo com a República que se proclamara no mesmo ano em Pernambuco. A iniciativa fracassou, assim como o movimento republicano.

O então capitão Albin Roussin (mais tarde poderoso almirante e chefe da Divisão Marítima do Brasil) propunha fazer ataques pontuais em Pernambuco e Bahia em 1820. Roussin faria incursões e ameaças ao Brasil nos anos 1820 e 1830, aproveitando-se de seu posto. Em 1828, para exigir compensações pelas perdas francesas na Guerra Cisplatina, ele ocupou a baía da Guanabara e apontou os canhões para a cidade, obtendo logo um acordo de indenização do imperador Pedro I. Em 1831, ele realiza façanha semelhante em Lisboa, entrando com uma esquadra pelo rio Tejo e virando os canhões para a capital, conseguindo assim do rei Miguel I acordos e vantagens para a França.

Os navios da divisão de Roussin participaram até da prisão de Cipriano Barata (perseguido pelos comerciantes franceses), na Bahia, em 1831: ele foi detido na fragata *L'Isabel*, dirigida pelo comandante Beaurepaire. Roussin publicou várias obras, entre as quais *Le pilote du Brésil, ou description des côtes de l'Amérique Méridionale comprises entre l'ile Santa-Catharina et celle de Maranhão, avec les instructions nécessaires pour atterrir et naviguer sur ces côtes* (O piloto do Brasil, ou descrição da costa da América Meridional situadas entre a ilha de Santa Catarina e a do Maranhão). Era um brasilianista.

A dominação colonial francesa fazia intervenções, quando achava necessário, mesmo após a Independência do Brasil. A Argélia fora invadida em 1830, ou seja, a postura colonialista se acirrava.

Também o almirante Jean-Baptiste Grivel, da Divisão Naval francesa no Brasil, propõe em 1825 um vasto plano de operações, em parte realizado. Era bastante ativo. No Rio de Janeiro ele ajuda com seus soldados a apagar o incêndio do Teatro São João, realiza mediação quando da revolta de militares irlandeses e alemães em 1828, pressiona a frota inglesa ali estacionada a saudar a bandeira tricolor francesa quando da Monarquia de Julho (1830) e desenvolve intensa atividade quando da abdicação de Pedro I em 1831, inclusive escoltando o agora ex-imperador para o exílio.

Mais exemplar ainda foi o projeto do embaixador francês no Brasil, Édouard Pontois, em 1831, logo após a abdicação de Pedro I. Em mensagem cifrada para o ministério das Relações Exteriores de seu país, ele propunha seccionar o Brasil, dividindo-o em dois reinos: um ao Norte, comandado pela princesa Januária (irmã de Pedro II) e outro no Sudeste e Sul, dirigido por Pedro II. A França entraria com apoio militar, desde que os territórios acima da margem esquerda do rio Amazonas se tornassem posse francesa, juntando-se à Guiana.

O projeto defendido por Pontois partira de Francisco de Holanda Cavalcanti, visconde de Albuquerque, líder de poderosas oligarquias nas províncias da região Nordeste. Um aristocrata refinado e poderoso, dono de imensa escravaria. De alguma maneira, retomava a divisão colonial entre Estado do Grão-Pará e Estado do Brasil.

Chegou a haver movimentações de tropas e motins em várias províncias brasileiras. Mas o rei Luís Felipe e seus ministros cortaram a iniciativa, pois não queriam tão ostensivamente violar uma soberania nacional. Os brasileiros que resolvessem seus problemas internos, referentes, neste caso, à unidade nacional. Holanda Cavalcanti tornou-se ministro da Fazenda e foi candidato a Regente, perdendo a eleição para o padre Diogo Feijó. E as forças separatistas se acomodaram, repartindo poderes centrais e locais.

Mesmo depois de morto, Napoleão continuava a assombrar a França, como afirmaria mais tarde Karl Marx. Os franceses eram marcados por seu espectro, ansiavam pela volta do salvador, impressionavam-se com sua lembrança. Imaginavam um passado dourado perdido que poderia retornar em plena energia. A percepção da violência da guerra ofuscada pela fumaça de um tempo presente confuso e inseguro. Para a França, uma perspectiva de governo, que elevou ao poder Napoleão III (1848-1870). A tragédia que virou farsa. Para o mundo, o período pós-napoleônico tornou-se uma grande metáfora, sem objetivação. Assim a imagem de Napoleão I resvalou para o terreno da mitologia (e até da galhofa). Virou, a partir de então, quase um Dom Quixote, um super-homem sem força. Embora o colonialismo francês continuasse em expansão.

E o Brasil não foi invadido por Bonaparte. Talvez este livro pudesse se intitular *O dia em que Napoleão não invadiu o Brasil*. Mas o ponto é que ele quis. Teve vontade, e isso faz a diferença. O voluntarismo do imperador era exacerbado. Quando irritado ou contrariado, dava socos na mesa e batia os pés no chão. A variar o grau da irritação, socava a própria testa com o punho. E em casos extremos, mas não raros, chegava a rolar no chão enfurecido, como um insano. Os homens fazem a História, é certo, mas não como querem, e, sim, em determinados condicionamentos e limites. O papel da liderança é decisivo, mas é também mediado pelas realidades.

A força da imaginação, desejo de conquista, pulsão dominadora, paixão pela aventura, sonho de guerra, ou que nome tenha, não se concretizou nesses casos. Ficou nisso mesmo. Na palavra sem gesto, intenção sem gesta. Entre o tudo ou nada, restou o vazio. Impulso no vácuo, energia motriz sem efetivação. Seria isso História? O que não se fez? Lembro o historiador Marc Bloch, que cita a lenda do monstro devorador: tudo que cheira a carne humana, interessa. Tudo que é movimentação no tempo. Mesmo o não dito, ou mais precisamente, não feito. E que assim se transforma em fato, em ato tentador, de tentativa. Numa história tão cheia de batalhas, o silêncio latejante. História dos cantos mal iluminados, da expressão abafada, do não triunfo. A saliva engolida, ação travada. Ficou na fome. Sem estrago, sem glória. Inconcluso. Sem renome, sem nascimento e sem morte.

Da conquista cultural ao "macaco do Brasil"

"O imperador deseja que as belas-letras partilhem, sob seu reino, da impulsão que se dá a tudo que é grande, útil e honrado para a nação; que a língua francesa, tornada mais que nunca a língua da Europa, continue a justificar esse privilégio intenso, por sua elegância, sua pureza e a escolha de suas criações."

Napoleão Bonaparte, 1807.

O Brasil viveu situação curiosa na época da Independência. Deixou de ser colônia, mas tinha metrópoles demais. Portugal, metrópole obsoleta, mantinha raízes na sociedade. Inglaterra, a nova e poderosa metrópole, não dominava diretamente, mas através da economia e dos costumes. E, por fim, a França, com o status chamativo que podemos apelidar de metrópole cultural. Napoleão Bonaparte morreu no ano anterior à proclamação da Independência do Brasil. Mas já previra a situação, em termos mundiais, em 1797:

> As verdadeiras conquistas, as únicas que não trazem arrependimento, são aquelas que fazemos sobre a ignorância. A ocupação mais honrosa, e a mais útil para as nações, é contribuir à extensão das ideias humanas. A verdadeira potência da República Francesa deve consistir, daqui por diante, a não permitir que exista uma ideia nova que não lhe pertença.

Essa conquista cultural seria a mais gloriosa – e a mais importante. Está claro que o imperador não inovava neste campo, pois já tinha por trás de si o século XVIII, das *Luzes*, do enciclopedismo, do Iluminismo e do mercado editorial. Mas ele reafirmava e levava adiante, para o século XIX, a epopeia de uma língua que se tornara universal entre as elites letradas ocidentais, idioma de tradução conhecido por bacharéis, clérigos, médicos, funcionários, escribas e reis. Daí, pode-se dizer que a França exerceu um papel de substituição nas referências culturais e políticas em países como o Brasil: uma metrópole cultural. Sedutora. Isto dava prestígio, sem dúvida, mas não trazia necessariamente grandes lucros. Senão, vejamos o gráfico seguinte:

■ Gráfico 4: Origem das importações no Rio de Janeiro em 1837*

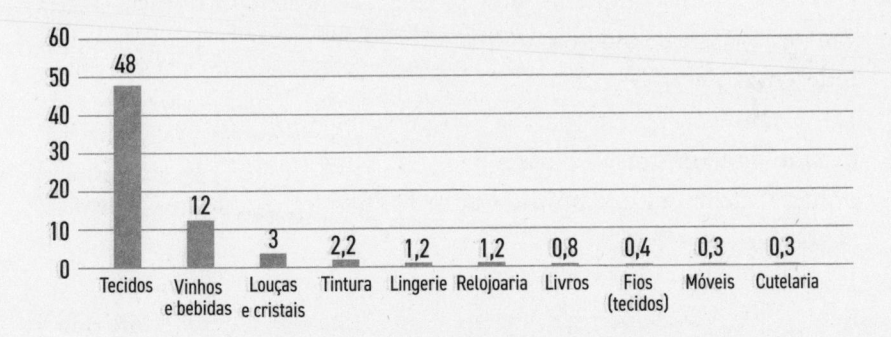

Fonte: *Encyclopédie du commerçant. Dictionnaire du commerce et des marchandises... 1855*

Os tecidos (incluindo manufaturas e roupas) estavam na ponta de lança das exportações francesas, 48%, quase metade do total. Seguidos de longe, em segundo lugar, pelos vinhos e bebidas, com 12%. E pronto. Os livros ocupavam 0,8%, ou seja, um modesto 14º lugar nas exportações mundiais, com 5 milhões de francos contra 577,4 milhões totais. Perdia para louças, cristais, lingeries, tinturas e relojoarias. Os livros davam fama, mas não bastavam.

Aí estava o drama. E que explica, em parte, a ânsia dos projetos de invasão, para ampliar os lucros. Fiquemos, então, com a influência francesa na moda e na literatura, em rápidos exemplos.

No capital do Império do Brasil, Rio de Janeiro, a rua do Ouvidor era a via do comércio francês. E esse comércio se espalhava pelas demais províncias e cidades principais. Era moda mesmo, um padrão no vestuário para quem tivesse algum recurso (não precisava ser rico). Na rua do Ouvidor amontoavam-se negociantes franceses em 1829 (alguns com nomes abrasileirados) como Alexandre Callan, Avril Irmãos, Dulet Irmãos, Garay e Marcassus Irmãos, João André Cogoy, Joaquim Chicola, Joaquim Malençon e Cia., Petit e Cia., Samuel Luiz Troyon e Noël e Cia. Uma constelação francófona.

Tanto que no Rio o embaixador francês Edouard Pontois demonstrava preocupação compreensível: durante os espetáculos de teatro, as mulheres vestidas à moda francesa, ou com roupas e penteados franceses, eram recebidas com vaias, gritos e insultos. A francofobia, neste caso, era também uma afirmação da soberania nacional brasileira. Pontois informa que foi preciso que a imperatriz do Brasil, Maria Amélia, aparecesse trajando roupas francesas para coibir "esses tumultos indecentes", em 1831.

A contestação não parava por aí. O baiano Cipriano Barata, o mesmo da Conjuração Baiana de 1798, após amargar anos de prisão política, aparecia em público com roupas fabricadas no Brasil. E explicava:

> [...] os Franceses e Ingleses dessa Bahia têm escrito, e formado a intriga aqui contra mim por via dos seus, pois que quero destruir o comércio deles introduzindo o uso de casacas e demais roupas de algodão, chapéu de palha da terra etc.

Cipriano acertava no ponto ao atacar o produto mais lucrativo das exportações francesas, contrariando interesses econômicos. Existia, pois, uma intenção de contrapor e até de alterar o modelo cultural e civilizatório europeu, que, no entanto, continuou predominante. Enquanto a moda, digamos, nativa e utópica, apesar de vigorosa, perderia força e desapareceria. Ofuscava-se assim um projeto de nação mais justo e menos desigual. E mais uma vez o Brasil curvava-se diante da França.

Havia, portanto, agentes econômicos franceses bem-sucedidos via capitalismo. Um deles, como caso individual, foi o livreiro e impressor Pierre-René-François Plancher de la Noé (1779-1843) e seu comércio político da cultura. Viveu o tempo da Revolução Francesa e de Bonaparte, na França. Mudou-se para o Rio de Janeiro logo após a Independência e vendia livros... sobre Revolução e Napoleão. Era um grande empreendimento oficioso, a Livraria e Tipografia de Plancher e Seignot (situada também na rua do Ouvidor), que recebeu o título de Imperial, mas seguia como negócio privado. Na verdade, híbrido e em concorrência feroz com a Tipografia Nacional, que pretendia ser mais oficiosa ainda e queria ter o monopólio das publicações imperiais brasileiras.

Plancher foi preso e perseguido na Restauração Monárquica, acusado de bonapartista. Mas o motivo de acusação era a venda de um folheto jacobino... e antibonapartista. Confusões causadas pelas turbulências das transformações rápidas. Nos tempos do imperador dos franceses, Pierre Plancher enfrentou problemas com a censura. Morto Bonaparte, Plancher se tornou um simpatizante e editou muitos livros napoleônicos. De seu prelo surgiram várias obras nesse sentido, entre as quais: *Napoléon considéré comme Général, Premier Consul, Empereur, Prisonnier à l'île D'Elbe et à Sainte Hélène, ou Vie Impartiale de ce Grand Capitaine*, 1822, ou seja, logo depois da morte de Bonaparte; e ainda o *Testament de Napoléon, ex-empereur des Français, contenant les différents legs qu'il a faits à ses amis, à ses anciens officiers, et généralement à toutes les personnes qui composaient sa maison à Sainte Hélène.*

Um catálogo da Livraria Plancher, no Brasil, tinha 81% das obras em francês e representava uma rede comercial de 104 editoras da França. Eram volumes de História, Ciências e Artes Liberais, Belas Letras (Literatura), Política e Religião. O preço total das obras que constam desta listagem era de 2:732$700. Ou seja, todo o estoque de livros dava para pagar o equivalente a apenas um terço das despesas necessárias para se montar uma fazenda de café. As atividades culturais, pois, segundo esses números, não eram tão dispendiosas (nem lucrativas) quanto às ligadas à agricultura, por exemplo. Mas Pierre Plancher foi um intermediário cultural de seu país de origem, com um bom desempenho econômico e articulações políticas com as elites letradas.

E assim, entre roupas e livros (a gastronomia viria mais tarde), firmou-se a conquista francesa no Brasil. Não foi uma invasão militar. Mas estava dentro das previsões do imperador dos franceses. Merece um brinde em taça de vinho! E algumas ponderações.

Jocko, le singe du Brésil

Quatro anos após a morte de Bonaparte, um espetáculo teatral fez sucesso em Paris. *Jocko, le singe du Brésil* (Jocko, o macaco do Brasil). Sensação da temporada, com salas lotadas na capital e em várias cidades de França. Aplausos, risos, emoção, choro. Críticas favoráveis nos jornais. Comentários pelos cafés e pontos de encontro. Tratava-se de um drama em dois atos, misturando melodia, dança e pantomima. Com música ao vivo e balé. Uma peça de literatura colonial, bem ao gosto exótico do público urbano europeu. E em plena Restauração monárquica.

O cenário representava "um belo lugar das colônias", com bosque de bambu e um grande tamarineiro com galhos que se estendiam pelo chão. Uma rede de dormir amarrada na árvore e, num canto, uma cabana construída de bambus e coberta com folhas de palmeira. Os personagens eram: Jocko (encarnado pelo ator Mazurier, que encantava com seus gestos, mímicas e expressão corporal, sem diálogos), Fernandez (fazendeiro português), Pedro (velho empregado de Fernandez, também lusitano), Dominique (jovem filho de Pedro), Cora (jovem escrava de Fernandez); brasileiros, brasileiras, crioulos e negros (todos escravizados). E mais o corpo de baile, formado por atores representando cativos. Dos quatro atores principais, dois encenavam portugueses e os outros dois, uma escravizada brasileira e um macaco. A cena se passava "no Brasil, perto do Pará". Ainda aqui franceses enxergavam o Brasil do século XIX formado por uma multidão de escravizados dominados por um grupo reduzido de europeus.

A peça foi montada pela primeira vez no teatro da Porte Saint-Martin, Paris, a 16 de março de 1825. O enredo dava destaque às estrepolias de Jocko, personagem principal: malandro, cometia pequenos furtos, mas era simpático, amistosamente cativante. E terminava com o macaco salvando Dominique de um afogamento e, em seguida, sendo abatido a tiros por um caçador. A morte de um símio tão divertido e dotado de sentimentos causava comoção no público: uns choravam de emoção, outros exigiam a ressurreição do personagem. Era a época em que o fixismo ou criacionismo das espécies começava a ser posto em dúvida, deixando margem para o evolucionismo, que seria desenvolvido

MAZURIER
Rôle de Jocko

■ Jocko e
Dominique
em cena.

posteriormente por Charles Darwin e outros. A fronteira entre animalidade e os humanos tornava-se ambígua.

O nome Jocko dado a um macaco teve longa trajetória. Inicialmente, foi como o naturalista Georges Buffon batizou um chimpanzé fêmea que lhe foi trazida da África para estudos *in loco*, no século XVIII. O símio morreu logo, foi empalhado e se encontra no Museu da História Natural de Paris – caindo no anedotário e se espalhando pelo imaginário popular, numa época em que era crucial, para os países europeus, demarcar o primitivo e o progresso, a civilização da barbárie. Daí surgiu um romance inglês de autoria de Charles Pougens, colocando em papel impresso e desenvolvendo o personagem Jocko – supostamente baseado num manuscrito deixado por uma anciã indígena em Portugal.

Mas foi a peça, escrita pelo teatrólogo francês Edmond Rochefort, que associou Jocko diretamente ao Brasil. Sua fama ganhou o mundo, inclusive através de estampas e gravuras. Foi o apogeu da carreira do autor e também do ator Mazurier.

O agradável Jocko, geralmente tratado de forma anedótica, foi o precursor dos homens-macacos e dos símios humanizados que adentraram pela moderna cultura de massas, como Tarzan, King-Kong, a série Planeta dos Macacos e várias manifestações.

Na representação teatral, há uma passagem em que Dominique se queixa da preguiça dos escravizados e mesmo do feitor português. Como se fosse uma característica inerente aos habitantes dos Trópicos. Como visto, o mesmo tema aparece em alguns projetos de invasão aqui citados. No campo dos preconceitos, o Brasil obtinha seu papel de colônia cultural. Preguiçosos, em geral, não querem trabalhar, isto é, assumir seu papel produtivo na divisão internacional do trabalho.

A conquista cultural francesa e o "macaco do Brasil" estão interligados. São duas faces da mesma moeda: por um lado se afirmavam os valores preponderantes e exemplares que deveriam moldar o espírito da sociedade. Por outro se assegurava, mesmo que através da arte e do humor, o caráter primitivo e inferior dos conquistados. De uma argamassa de tensões, influências, confluências e resistências, se forjam as dinâmicas culturais que poderíamos chamar de brasileiras.

E 1825, além da estreia da peça *Jocko, le singe du Brésil*, foi também o ano em que a França reconheceu diplomaticamente a Independência do Brasil. Houve um acordo entre as potências europeias, que aceitaram ainda as Independências da América hispânica e do Haiti. Era como se cristalizassem uma identidade brasileira. Independente, vá lá, mas com estatuto neocolonial, o que implicava em consequências econômicas e enquadramento numa hierarquia civilizatória e racial.

Cronologia

ANO	PROJETOS DE ATAQUE	NAPOLEÃO BONAPARTE	FRANÇA	BRASIL	INTERNACIONAL / CULTURA
1711			Reinado de Luís XIV.	Rio de Janeiro tomada pelo corsário francês Duguay-Trouin.	
1715			Início reinado de Luís XV.		
1730	Franceses invadem Pernambuco e são expulsos pelos portugueses.				
1748					Montesquieu publica *O Espírito das Leis.*
1751					Lançamento da *Encyclopédie.*
1762	Conde d'Estaing nomeado vice-rei do Brasil, nomeação sem efeito.				

ANO	PROJETOS DE ATAQUE	NAPOLEÃO BONAPARTE	FRANÇA	BRASIL	INTERNACIONAL / CULTURA
1763				Capital é transferida de Salvador para o Rio de Janeiro.	
1769		Nasce em Ajaccio, na Córsega.			
1770					Publicação de *Histoire Philosophique des Deux Indes*, do abade Raynal, obra crítica da colonização europeia.
1772	O almirante De Grasse planeja bombardear a Bahia.				
1774			Início do reinado de Luís XVI.		
1776					Declaração de Independência dos EUA.
1784		Cadete na Escola Militar de Paris.			
1785		Tenente do 2º Regimento de Artilharia.			
1789			Eclode a Revolução Francesa. Declaração dos Direitos do Homem e do Cidadão.	Conjuração Mineira.	
1791			Monarquia constitucional. Prisão de Luís XVI em Varennes. Implantação do sistema métrico decimal.		Insurreição de escravizados marca o início da Revolução do Haiti na colônia de São Domingos.

176

ANO	PROJETOS DE ATAQUE	NAPOLEÃO BONAPARTE	FRANÇA	BRASIL	INTERNACIONAL / CULTURA
1792			Proclamação da República.	Morte de Tiradentes na forca.	
1793		Campanha vitoriosa do cerco de Toulon. Nomeado general.	Morte na guilhotina do rei deposto Luís XVI em Paris. Constituição do Ano I.		
1794			Convenção Nacional francesa decreta Abolição da escravatura nas colônias. Morte de Robespierre na guilhotina.		Inglaterra e Espanha declaram guerra à França.
1795		Preso acusado de ser aliado de Robespierre.	Constituição do Ano III. Implantação do Diretório.		
1796	Capitão Polony propõe atacar os navios do Norte do litoral brasileiro.	Reprime com violência a insurreição monarquista em Paris.			
1797	Capitão Larcher propõe invadir a Bahia e proclamar a Independência do Brasil.	Comandante das tropas que invadem e conquistam a Itália. Casamento com Joséphine.			
1798		Invasão do Egito.		Descoberta no Brasil a Conjuração Baiana, com apoio secreto do capitão Larcher, enviado às Ilhas Maurícias com o decreto de Abolição da escravatura.	

ANO	PROJETOS DE ATAQUE	NAPOLEÃO BONAPARTE	FRANÇA	BRASIL	INTERNACIONAL / CULTURA
1799	• Atacar a África e depois o Brasil, abolindo a escravidão, Lacrosse. • Invadir o Brasil, Vigneti. • Invadir a Índia e a Bahia, Larcher. • Invadir o Brasil, ministro da Marinha. • Invadir Pernambuco, almirante Willaumez. • Invadir Rio de Janeiro e abolir a escravidão, almirante Lacrosse.	Golpe do 18 Brumário, Bonaparte é escolhido Primeiro Cônsul.		Execução de quatro conjurados na Bahia.	O príncipe do Brasil, João, assume como Regente em Portugal.
1800	• Invadir Bahia e Angola, almirante Lacrosse. • Invadir Rio de Janeiro e abolição da escravatura, capitão Montalan. • Invadir Rio de Janeiro, Bahia e Pernambuco, Cerf-Berr e general Combis.				
1802	Invadir o Norte do Brasil a partir de São Domingos, ministro da Marinha e almirante Beurnonville.	Expedição de São Domingos, com 25 mil homens, para retomar a colônia e reestabelecer a escravidão.	Reestabelecida a escravidão nas colônias francesas por Napoleão. Assinatura da Paz de Amiens com a Inglaterra. Promulgação do Código Civil.		Publicação do livro *Les trois âges des colonies*, do abade De Pradt, obra crítica da colonização nas Américas.

ANO	PROJETOS DE ATAQUE	NAPOLEÃO BONAPARTE	FRANÇA	BRASIL	INTERNACIONAL / CULTURA
1803	O conde Liniers propõe ocupar o Rio Grande do Sul e Mato Grosso.		Derrota das tropas francesas em São Domingos. Rompido o Tratado de Amiens.		Venda da Louisiana pela França aos EUA.
1804		Sagrado e coroado imperador como Napoleão I.			Proclamada a Independência do Haiti pelo ex-escravizado Jean-Jacques Dessalines.
1805		Campanha vitoriosa de Austerlitz. Derrota em Trafalgar.			
1806	Napoleão planeja atacar o Rio de Janeiro ou Portugal.	Vitória de Iena e entrada triunfal em Berlim.		O príncipe Jerôme Bonaparte e o almirante Willaumez chegam à Bahia.	
1807		Ordena invasão de Portugal.	Aliança franco-russa. Criação da nobreza no império francês.		Invasão de Portugal pelo general Junot.
1808	Invadir o Rio Grande do Sul, Mariano Isasbiribi e deputados do Rio da Prata.	Invasão da Espanha.		Corte portuguesa se instala no Rio de Janeiro. Publicação dos primeiros periódicos: *Correio Braziliense* e *Gazeta do Rio de Janeiro*.	Publicação do livro *De la littérature des nègres*, do abade Grégoire, obra antirracista e antiescravista.
1809			Áustria declara guerra à França.		
1810		Casa com Maria Luísa, filha do imperador da Áustria.			

ANO	PROJETOS DE ATAQUE	NAPOLEÃO BONAPARTE	FRANÇA	BRASIL	INTERNACIONAL / CULTURA
1812		Invasão da Rússia.			
1813			Prússia declara guerra a França.		
1814		Abdica e é exilado na Ilha de Elba.	Restauração da Monarquia. Luís XVIII toma o poder.		
1815		Retorna do exílio e retoma o poder na França por 100 dias. Derrota de Waterloo e exílio definitivo na ilha de Santa Helena.	Luís XVIII se exila e depois volta definitivamente ao poder.	Reino Unido de Brasil, Portugal e Algarves.	
1816				Coroação do rei João VI.	
1817					Proclamada a República em Pernambuco e províncias vizinhas. Repressão do movimento.
1820	Capitão Roussin propõe operação militar em Pernambuco.				Movimento Liberal em Portugal.
1821		Falece em Santa Helena.			Cortes de Lisboa.
1822				Proclamação da Independência em 12 de outubro.	

Referências

○·············○

- As citações em francês ao longo do livro foram traduzidas livremente para o português pelo autor e tiveram ortografia atualizada.
- Não utilizo a expressão "Dom" antecedendo personagens históricos, por desnecessária. Assim temos o rei João VI, o imperador Pedro I, o rei Luís XVI etc. Por uma escrita republicana e libertária.
- As referências dos textos consultados estão divididas em documentos da época e livros/artigos.

Documentos da época

■ Archives Nationales de France

Affaire de la saisie à Quillebeuf du navire "La Jeune Cécile". Pièces n°19 à 31. 7 juin-28 juillet 1791. Archives du comité des Recherches de l'Assemblée nationale constituante (1789-1791). Dossier 273.

ARCHIVES NATIONALES DE FRANCE. *Fonds Marine. Campagnes* (opérations ; divisions et stations navales ; missions diverses). Inventaire de la sous-série Marine BB 4. Paris: [s.d.].

ARCHIVES NATIONALES DE FRANCE. *Guide des Sources de l'histoire de l'Amérique latine et des Antilles dans les archives françaises*. Paris: 1984.

ARCHIVES NATIONALES DE FRANCE. *Projets d'expéditions maritimes et mémoires sur les colonies étrangères*. Paris: [s.d.].

Copie d'une lettre écrite au ministre de la Marine par les commissaires de la Trésorerie nationale concernant la réception de topazes du Brésil. *Archives du Directoire exécutif*. "Affaires particulières" (an IV - an VIII). Dossiers 1114-1115 (383 pièces): Mabile - Montlinot (AF/III/276). 5 ventôse an VI (23 février 1798), Pièce 97.

Dossier 2 1806. Pièce 6. *Projet de croisière vers Porto ou vers les côtes du Brésil*. AN: AF/IV/1210.

Dossier individuel de personnel de LARCHER Antoine-René. COTE MV CC 7 ALPHA 1375.

LACROSSE. *Projet d'attaque de la ville de Saint-Sébastien, chef lieu des établissements du Sud au Brésil, à l'entrée de la rivière appelée en portugais, Rio Janeiro*. [s.d.]. Fonds Sieyès (XVIIe-XIXe siècle). Cotes: 284AP/13, Dossier 6, 1792-1799.

Le ministre de la Marine au Premier Consul Bonaparte. 16 Messidor Ano VIII.

Mémoire d'Henri Limiers proposant la création d'un établissement minier près de Maldonado (Paraguay) et d'une colonie française au sud du Brésil; deux lettres du même et des observations de Fleurieu (an X - an XI). AF/IV/1211. Pièces 45-48.

Plan d'une expédition maritime vers le Brésil, le cap de Bonne-Espérance et l'Inde, par Larcher (sans date). Archives du pouvoir exécutif. Rapports du ministre de la Marine. Projets d'expéditions maritimes et mémoires sur les colonies étrangères. AF/IV/1211.

Projet d'expédition contre les colonies portugaises, par le contre-amiral Lacrosse (21 germianl an VIII). Pièce 242. *Ajournement de l'expédition du contre-amiral Lacrosse (22 prairial an VIII)*. Marine: mémoires (an VI - an XII) et correspondance générale (an VIII). Dossier 2 Pièces 189-190.

Projet d'expédition contre quelques possessions portugaises du Brésil et de la côte d'Angola, Paris, 11 p. ms. in-fol. Cotes: AB/XIX/5173. 3 nivôse an VIII (24 décembre 1799). Lacrosse (contre-amiral Jean-Baptiste).

Projet d'Expédition Maritime des Citoyens Marx Cerf Berr Père, Sanson Cerf Berr, Berr Marx Cerf Berr et Victor Davi e Compagnie. [1800].

Projet de croisière aux côtes du Brésil par le capitaine de frégate Montalan. 20 de agosto de 1800.

Projet de croisière du chef de Division Ph. Willaumez, 7 de agosto de 1800 (19 Termidor Ano VIII).

Projet de surprise, de dévastation et de Brigandage à exercer sur les Côtes du Brésil par 800 Determinés. Vigneti. 16 de fevereiro de 1799 (28 Pluvioso ano VII).

Réflexions du Général Combis sur l'Expédition Projetée. [1800].

■ **Arquivo Histórico Ultramarino, Lisboa**

Carta particular do Governador D. Fernando José de Portugal para D. Rodrigo de Sousa Coutinho, em que lhe faz apresentação do portador Mr. Larcher, capitão de mar e guerra da marinha francesa. Bahia, 07/01/1797.

Cartas (12) trocadas entre o Governador Conde da Ponte, o príncipe Jeronymo Bonaparte e o contra-almirante Willaumez. Bahia, 1806.

Ofício do Governador Conde da Ponte para o Visconde de Anadia, no qual ainda se refere à Esquadra francesa sob o comando do Príncipe Jeronymo Bonaparte. Bahia, 28/04/1806.

Ofício do Governador Conde da Ponte para o Visconde de Anadia, no qual lhe dá circunstanciada informação sobre a chegada, estada e partida da referida Esquadra francesa. Bahia, 22/04/1806.

Ofício do Governador D. Fernando José de Portugal para D. Rodrigo de Sousa Coutinho, em que lhe participa que no navio Bom Jesus d'Além, se transportava para Lisboa Mr. Larcher (com sua mulher e duas filhas), capitão de mar e guerra da marinha francesa, que comandava a fragata La Préneuse. Bahia, 31/12/1796.

Ofício do Governador D. Fernando José de Portugal para D. Rodrigo de Sousa Coutinho, em que participa a arribada do navio espanhol Boa Viagem, aliás Marquês de Monsalud. Bahia, 31/12/1796.

Relação do combate que teve o navio de S.M. Santo António Polifemo, comandado pelo capitão-tenente Manuel do Nascimento com a fragata de guerra da nação francesa La Préneuse, comandada pelo capitão Larcher e dos mais sucessos acontecidos no dito navio depois do combate. Bahia, 10/12/1795.

■ **Biblioteca Nacional de Portugal**

SARRAZIN, Jean. *Saudável aviso às nações da Europa, e particularmente aos hespanhoes, e portuguezes, para se prevenirem contra os dominadores projectos de Bonaparte*, Lisboa, Impressão Régia, 1812.

■ **Bibliothèque Nationale de France (Gallica)**

ABRANTES, Laure Junot duquesa d'. *Mémoires de Madame la duchesse d'Abrantès, ou Souvenirs historiques sur Napoléon: la Révolution, le Directoire, le Consulat, l'Empire et la Restauration.* Paris: Madame Delaunay, t. 11. 1833.

ANCILLON, Frédéric. *Tableau des révolutions du système politique de l'Europe, depuis la fin du quinzième siècle.* Paris: Firmin Didot, 1823 [1803].

COSTA, J. A. da. *Napoléon Ier au Brésil. Revue du Monde Latin*, fevereiro de 1886, p. 205-216 e 339-349.

ENCYCLOPÉDIE du commerçant. *Dictionnaire du commerce et des marchandises Contenant tout ce qui concerne le commerce de terre et de mer.* 2 t. Nouvelle Édition. Paris: Hachette, 1855.

LAS CASES, Emmanuel. *Mémorial de Sainte-Hélène, ou journal où se trouve consigné, jour par jour, ce qu'a dit et fait Napoléon durant dix-huit mois*. T. 1 e 2. Paris: Magen & Comon, 1840.

POUGENS, Charles. *Jocko, épisode détaché des Lettres inédites sur l'instinct des animaux*, Paris: P. Mongie, 1824.

ROUVIER, Charles. *Histoire des marins français sous la République (de 1789 à 1803)*, Paris: Arthus Bertrand, 1868.

■ Coleção particular do autor

CANDIDO, Marfiro. *Trombeta da Verdade Métrico-Analytica contra os planos, e imposturas de Napoleão e seus sattelites*. Lisboa: Impressão Régia, 1811.

GABRIEL & ROCHEFORT, Edmond. *Jocko, le singe du Brésil. Drame en deux actes*. Paris: Quoy, 1825.

HAPDE, Jean-Baptiste-Auguste. *Beautés de l'Histoire d'Amérique, d'après les plus célèbres Voyageurs et Géographes qui ont Ecrit sur cette Partie du Monde*. Paris: Eymery, 1818.

O'MEARA, Barry E. *Complément du Mémorial de Sainte-Hélène. Napoléon en exil*. 3. ed., T. IV, Paris: Mme. Seignot, 1823.

REGNAULT-WARIN [G.]. *Mémoires pour servir à la vie d'un homme célèbre*. Paris: Plancher, 1819.

SAY, Horace. *Histoire des relations commerciales entre la France et le Brésil, et considérations générales sur les monnaies, les changes, les banques et le commerce extérieur*. Paris: Guilllaumin, 1839.

■ Fundação Biblioteca Nacional, Rio de Janeiro

A.B.C do Maquiavélico, ou Monstruoso caráter de Bonaparte, demonstrado pelas letras do A.B.C, Lisboa, Impressão Régia, 1810.

ARCOS, Marcos de Noronha e Brito, Conde dos. *Carta a Tomás Antônio de Vila Nova Portugal tratando do movimento de tropas na Bahia em represália aos agentes de Napoleão*. MSS: I-02,03,002.

BONAPARTE, Napoleão. *Carta 17 maio 1803, Saint Cloud, à Sua Alteza Real, sobre a gravidade das circunstâncias entre a França e a Inglaterra*. Manuscritos - CF-49,02,0.

COSTA, Manoel do Nascimento. *Relação do combate que teve o navio de sua majestade, Santo Antônio e [Pollifemo], com o comandante capitão-tenente da*

Armada Real, Manoel do Nascimento Costa, com a fragata da nação francesa La Préneuse, com o comandante capitão Larcher, e mais sucessos acontecidos no dito navio, depois do combate, até dar fundo no porto da Bahia em 10 de dezembro de 1795. Manuscritos - I-29,16,40. Bahia: [s.n.], 23/12/1795. 5 p. Cat. Linhares nº155.

LINHARES, Conde de. *Ofício ordenando o conde dos Arcos providências para impedir a entrada no país de agentes de Bonaparte que, segundo consta, foram expedidos para o Brasil por via dos E.E. U.II., manda também que sejam presos vários indivíduos que vem do referido país recomendando o maior segredo*. Manuscritos - mssp0000315. Rio de Janeiro; [s.n.], 04/07/1811. 1 p. Anais da Biblioteca Nacional, vol. 68.

PLANCHER, Pierre. *Almanack Imperial do commercio e das corporações civis e militares para 1829*, Rio de Janeiro: Typographia Pierre Plancher-Seignot, 1829.

■ **Museu Imperial, Arquivo Histórico, Petrópolis**

NAPOLEÃO I.° - Príncipe regente. *Carta ameaçando D. João se tomasse o partido dos Ingleses*. - Maço 12 – Doc. 214 . 8 Set.° 1807.

■ **Service Historique de La Défense, Ministère des Armées, France**

Amérique Méridionale. Brésil. *Projet d'expédition contre San Salvador (Brésil) par le Cap. de Vau Larcher. 24 avril 1797. Copie du mémoire que j'ai adressé au Directoire Exécutif de Madrid Le 7 frutidor au 5è*. Série BB4, 1050, Archives de la Marine.

ARCHIVES DU SERVICE HISTORIQUE DE LA DEFENSE. *Guide des sources de la traite négrière, de l'esclavage et de leurs abolitions*. Vincennes: 2017.

Arrêté du 3 Messidor an 9. Antoine-René Larcher, capitaine de Navire reformé le 1ᵉʳ Vendémiaire an 9. (22 Juin 1801).

Au Directoire Exécutif de La République française Seul. Larcher. 15 Juin 1797. Série BB4, 1050, Archives de la Marine.

Moyens pour détruire le commerce de Anglais et de s'emparer de Rio de Janeiro. 12 de fevereiro de 1799. Archives de la Marine.

Pétition au Général Buonaparte, Premier Consul de la République Française. Antoine-René Larcher. 7056. 9 Ventôse an 8 (28 de fevereiro 1801).

Projet D'Expédition pour l'Amérique Méridionale. Claude-Vincent Polony. 4 Germinal Ano IV (10 de abril de 1796).

Livros e artigos

APEB. *Autos da Devassa da Conspiração dos Alfaiates*, 2 vol., Salvador, Arquivo Público do Estado da Bahia, 1998.

ARCHIVES DÉPARTAMENTALES. *Le commerce triangulaire et la traite négrière rochelaise*. Charente Maritime, [s.d.].

BARATA, Cipriano. *Sentinela da Liberdade e outros escritos (1821-1835)*. Org. de Marco Morel. São Paulo: EDUSP, 2008.

BARMAN, Roderick. La révolution napoléonienne et la construction de l'Empire brésilien. In BELAUBRE, C. & DYM, J. & SAVAGE, J. (dir.). *Napoléon et les Amériques. Histoire atlantique et empire napoléonien*. Capítulo II. Presses Universitaires du Midi, 2009, p. 45-61.

BAULNY, Olivier. La naissance de l'Argentine et l'entreprise ibérique de Napoléon. *Revue de l'Institut Napoléon*, Paris: n. 112, juillet de 1969.

BAULNY, Olivier. Napoléon et les projets d'attaque au Brésil. Paris: *Revue de l'Institut Napoléon* n° 118, janvier 1971, p. 25-33.

BÉNOT, Yves & DORIGNY, Marcel (dir.). *Rétablissement de l'esclavage dans les colonies françaises. Aux origines de Haïti*. Paris: Maisonneuve & Larose, 2003.

BERNARD, Arnaud. Napoléon et la Marine ou l'histoire d'un malentendu. Paris: La Fondation Napoléon, *Napoleonica. La Revue*, 2010/2 N° 8, p. 53-76.

BICALHO, Maria Fernanda. Franceses na Colônia. Temor, cumplicidade e sedução: relações entre franceses e portugueses no Brasil colonial. *História Luso-Brasileira*. Rio de Janeiro, Arquivo Nacional, 2018. Franceses na colonia (arquivonacional.gov.br).

BINOCHE-GUEDRA, Jacques. Un projet colonial français au Paraguay: Henri de Liniers et son plan de colonisation du Rio de La Plata au début du XIXe siècle. In: *Outre-mers*, tome 93, n°350-351, 1er semestre 2006. Sites et moments de mémoire. p. 267-277.

BORGES DE BARROS, Francisco. *Novos documentos para a História Colonial. Bahia – Brasil*. Bahia: Imprensa Oficial do Estado, 1931.

BRANDA, Pierre & LENTZ, Thierry. *Napoléon, l'esclavage et les colonies*. Paris: Fayard, 2006.

CHASSAGNE Serge. Pétré-Grenouilleau (Olivier), Les négoces maritimes français, XVIIe -XXe siècle. In: *Annales de Bretagne et des pays de l'Ouest*. Tome 105, n. 1, 1998. p. 122-127.

COSTA, Francisco Augusto Pereira da. Napoleão I no Brasil. *Revista do Instituto Histórico e Geográfico Brasileiro*. v. 10, n. 57, p. 197-217, mar. 1903.

DORIGNY, Marcel et al. Napoléon et le rétablissement de l'esclavage. *Notes de la Fondation pour la Mémoire de l'Esclavage*, abril 2002.

ENCYCLOPÉDIE *ou Dictionnaire Raisonné des Sciences, des Arts et des Métiers* [1751-1772]. Ed. integral. Marsanne: Édition Redom, [s.d.]. CD-ROM.

FIEDLER, Marine. Patriotes de la Porte du Monde. L'identité politique d'une famille de négociants entre Hambourg et Bordeaux (1789–1842). *Herausgegeben vom Deutschen Historischen*. Institut Paris (Institut historique allemand). Band 43 (2016).

FUNDAÇÃO BIBLIOTECA NACIONAL. Napoleão, o Conquistador do Brasil. *Revista de História da Biblioteca Nacional*. Rio de Janeiro: Ano V, nº 55, abril de 2010.

GAFFAREL, Paul. *Histoire du Brésil Français au Seizième Siècle*. Paris: Maisonneuve, 1878.

GAINOT, Bernard & CHAPPEY, Jean-Luc. *Atlas de l'empire napoléonien (1799-1815)*, Paris: Autrement, 2015.

GAINOT, Bernard. « La Décade et la « colonisation nouvelle » », *Annales historiques de la Révolution française* [En ligne], 339 | janvier-mars 2005, mis en ligne le 27 avril 2006, a 2 maio 2023.

GAINOT, Bernard. Un projet avorté d'intégration républicaine. L'institution nationale des colonies (1797-1802). In: *Dixhuitième Siècle*, n°32, 2000. Le rire. p. 371-401.

GODECHOT, Jacques. *La Grande Nation*. Paris: Aubier-Montaigne, 1983.

GUIZELIN, Gilberto da Silva. "Província (de) um grande partido brasileiro, e mui pequeno o europeu": a repercussão da Independência do Brasil em Angola (1822-1825), *Afro-Ásia*, 51 (2015), p. 81-106.

GRIECO, Donatello. *Napoleão e o Brasil*. Rio de Janeiro: Biblioteca do Exército Editora, 1995.

IBGE. *Estatísticas Históricas do Brasil. Séries Econômicas, Demográficas e Sociais 1550 a 1988*. 2. ed. Rio de Janeiro: IBGE, 1990.

JANCSÓ, István & MOREL, Marco. Novas perspectivas sobre a presença francesa na Bahia em torno de 1798. In: *TOPOI*, v. 8, n. 14, jan.-jun. 2007, p. 206-232.

JESSENE, Jean-Pierre. *Révolution et Empire. 1783-1815*. 3. ed. Paris: Hachette, 2014.

LAHLOU Raphaël. Le rêve américain et caraïbe de Bonaparte: le destin de la Louisiane française. L'expédition de Saint-Domingue. *Revue du Souvenir Napoléonien*. n. 440, p. 3-21, abril-maio 2002.

LAJOINIE DOMÍNGUEZ, M. T. "Difusión teatral del transformismo: el caso de Les deux Jockos, 1825". *Thélème. Revista Complutense de Estudios Franceses*, Vol. 31, Núm. 1: 149-163, 2016.

LELIEVRE, Renée. Fantastique et surnaturel au théâtre à l'époque romantique. In: *Cahiers de l'Association internationale des études françaises*, 1980, n°32. p. 193-204.

LEVEQUE, Pierre. La marine française au 18 Brumaire, *Annales historiques de la Révolution française* [En ligne], 318, octobre-décembre 1999, mis en ligne le 11 avril 2006, consultado em 9 de outubro de 2022.

LÉRY, Jean de. *Histoire d'un voyage en terre de Brésil*. Introdução de Frank Lestringant e entrevista introdutória de Claude Lévi-Strauss. Bibliothèque Classique, Livres de Poche. Paris: Librairie Général Française, 1994 [1578].

LIMA FILHO, Manuel. «A restituição de objetos e coleções aos povos indígenas brasileiros», *Anuário Antropológico* [Online], v. 48, n. 3, 2023, posto online no dia 13 dezembro 2023, consultado em 31 dezembro 2023. Disponível em: http://journals.openedition.org/aa/11789.

LORBLANCHES, Jean-Claude. *Soldats de Napoléon aux Amériques*. Paris: L'Harmattan, 2007.

MARZAGALLI, Silvia. « Le négoce maritime et la rupture révolutionnaire: un ancien débat revisité », *Annales historiques de la Révolution française* [En ligne], 352 | avril-juin 2008, mis en ligne le 01 juin 2011, consultado em 19 abril 2023.

MOREL, Ana Paula. *Um mundo onde caibam muitos mundos. Educação descolonizadora e revolução zapatista*. São Paulo: Autonomia Literária, 2023.

MOREL, Marco. *A Revolução do Haiti e o Brasil escravista: o que não deve ser dito*. Jundiaí: Paco Editorial, 2017.

MOREL, Marco. *As transformações dos espaços públicos: imprensa, atores políticos e sociabilidades na cidade imperial do Rio de Janeiro (1820-1840)*. Jundiaí: Paco Editorial, 2016.

MOREL, Marco. *Cipriano Barata: uma trajetória rebelde na Independência do Brasil*. Jundiaí: Paco Editorial, 2022.

MOREL, Marco. O Brasil separado em reinos? A Confederação Caramuru no início dos anos 1830. In: José Murilo de Carvalho; Adriana Pereira Campos (Org.). *Perspectivas da cidadania no Brasil Império*. Rio de Janeiro: Civilização Brasileira, 2011.

MOURA, Maísa Carla Ramos de. Imaginário napoleônico e tentativa de sedição no Pernambuco de 1817. *V Colóquio de História*. Perspectivas Históricas. Historiografia, pesquisa e Patrimônio. 2011.

MURTINHO-BRAGA. Fernando de. *Une conspiration bonapartiste au Brésil*. Thèse de maîtrise es Arts en sciences économiques, politiques et sociales. Université d'Ottawa, 1943.

NEGRE, A. (1968). La constitution paranoïaque de l'Amiral de La Crosse. *Bulletin de la Société d'Histoire de la Guadeloupe*, (9-10), p. 107-132.

NEVES, Lúcia M. Bastos P. Entre a lenda negra e a lenda dourada: Napoleão Bonaparte na óptica dos lusos brasileiros. *Ler História* (Lisboa), v. 54, p. 33-50, 2008.

NEVES, Lúcia M. Bastos P. Napoleão Bonaparte e o Brasil: da Besta de Sete Cabeças ao Herói do Século. In: Lená Medeiros de Menezes; Angela Roberti Martins. (Org.). *História de Malditos e Mal-Ditos na História*. 1. ed. Rio de Janeiro: Editora Ayran, 2022, v. 1, p. 37-65.

NEVES, Lúcia M. Bastos P. *Napoleão Bonaparte - Imaginário e política em Portugal*. São Paulo: Alameda Editorial, 2008.

POLONY, Claude-Vincent. *Mémoires d'un officier de marine négrier*. Charente-Maritime: La Geste, [s.d.].

POTELET, Jeanine. *Le Brésil vu par les voyageurs et les marins français. 1816-1840*. Paris: L'Harmattan, 1993.

POTELET, Jeanine. Projets d'expéditions et d'attaques sur les côtes du Brésil (1796-1800). In: *Caravelle*, n°54, 1990. L'Amérique latine face à la Révolution française. p. 209-222.

PRIORE, Mary del. *À procura deles. Quem são os negros e mestiços que ultrapassaram a barreira do preconceito e marcaram a história do Brasil. Da Colônia à República*. São Paulo: Benvirá, 2021.

PROJETO RESGATE. *Guia de Fontes para a história franco-brasileira. Brasil colônia, vice-reino e Reino Unido*. Brasília: Projeto Resgate, 2002.

PUIGMAL, Patrick. Brasil bajo influencia napoleónica y francesa. Los mensajeros de la independencia: militares, libreros y periodistas. *Historia*, No 46, vol. I, enero-junio 2013, p. 113-151.

SAUDRAY, Nicolas. *Napoléon au Brésil*. Paris: Michel de Maule, 2019.

SEIGAN, Kôbô. « Le colonialisme des républicains sous le Directoire – Le cas d'Eschassériaux », *La Révolution française* [En ligne], 19 | 2021, mis en ligne le 01 février 2021, consultado em 05 fevereiro 2023.

SERNA, Pierre. *Républiques sœurs. Le Directoire et la Révolution Atlantique*. Rennes: Presses Universitaires de Rennes, 2009.

SOBOUL, Albert. *Le Directoire et le Consulat (1795-1804)*. Paris: Presses Universitaires de France, 1972.

SOUBLIN, Jean. *Caiena 1809*. Rio de Janeiro: Biblioteca do Exército, 2010.

STENDHAL. *Vie de Napoléon*. Paris: Anversa Editions, Ebook. [1818].

STOIANI, Rachel. *Napoleão visto pela luneta D'El Rey: construção e usos políticos do imaginário francês e napoleônico na América Portuguesa (ca. 1808-1821)*. Tese de Doutorado em História, FFLCH, USP, 2009.

TAVARES, Luís Henrique Dias. *Da Sedição de 1798 à Revolta de 1824 na Bahia*. São Paulo: UNESP, 2004.

TAVARES, Luís Henrique Dias. *História da sedição intentada na Bahia em 1798*. São Paulo: Pioneira, 1975

TERRIEN, Nicolas. « Des patriotes sans patrie": Histoire des corsaires insurgés de l'Amérique espagnole (1810-1825). Mordelles: *Les Perséides*, 2015.

TROGNEUX, G. *Histoire des Navires. Des origines au XIX e siècle*. Editions l'Ancre de Marine, Saint-Malo, 2001.

TULARD, Jean. *Le monde selon Napoléon. Maximes, pensées, réflexions, confidences et prophéties*. Paris: Tallandier, 2015.

TULARD, Jean. *Napoléon ou le mythe du sauveur*. Nouvelle édition revue et augmentée. Paris: Fayard, 1987.

VICENTE, António Pedro. « Raisons de la défaite de Napoléon au Portugal », *Rives méditerranéennes* [En ligne], 36 | 2010, mis en ligne le 15 juillet 2011, consultado em 01 maio 2022.

VIDALES, Carlos. Corsarios y piratas de la Revolución Francesa en las aguas de la emancipación hispanoamericana. In: *Caravelle*, n°54, 1990. L'Amérique latine face à la Révolution française. p. 247-262.

WANQUET, Claude. *La France et la première abolition de l'esclavage. 1794-1802. Le cas des colonies orientales Ile de France (Maurice) e la Réunion*. Paris: Karthala, 1998.

WIKIPÉDIA.FR. *L'encyclopédie libre*. Disponível em: http://fr.wikipedia.org/wiki/.

Este livro foi composto com tipografia Adobe Garamond e
impresso em papel Off-White 80 g/m² na Formato Artes Gráficas.